Atividade de Modelo/Manequim e o Trabalho Infanto-Juvenil

JÚLIA ZERBETTO FURLAN
Advogada, pós-graduada em Direito do Trabalho.

ATIVIDADE DE MODELO/MANEQUIM E O TRABALHO INFANTO-JUVENIL

Editora LTr
SÃO PAULO

Dados Internacionais de Catalogação na Publicação (CIP)
(Câmara Brasileira do Livro, SP, Brasil)

Furlan, Júlia Zerbetto
  Atividade de modelo/manequim e o trabalho infanto-juvenil / Júlia Zerbetto Furlan. — São Paulo : LTr, 2009.

  Bibliografia.
  ISBN 978-85-361-1435-4

  1. Direito do trabalho 2. Direito do trabalho — Brasil 3. Menores — Trabalho 4. Menores — Trabalho — Brasil 5. Modelo (Pessoas) como profissão 6. Profissões — Leis e legislação — Brasil I. Título.

09-10174   CDU-34:331:362.748(81)

Índice para catálogo sistemático:

1. Profissão de modelo e manequim : Brasil :
   Adolescentes e crianças : Direito do trabalho
   34:331:362.748(81)
2. Profissão de modelo e manequim : Brasil :
   Crianças e adolescentes : Direito do
   trabalho 34:331:362.748(81)

© **Todos os direitos reservados**

EDITORA LTDA.
Rua Jaguaribe, 571 — CEP 01224-001 — Fone (11) 2167-1101
São Paulo, SP — Brasil — www.ltr.com.br

*Dedico este trabalho
à minha família, aos meus professores e a todos que caminham comigo,
pelo carinho, amor, conhecimento e motivação.*

Agradeço a Deus e a todos que contribuíram, de forma direta ou indireta, para a realização desta obra.

Em especial: à minha amada família, sempre presente e dedicada; aos meus estimados professores, pelo conhecimento compartilhado (destaco a Profa. Dra. Silvana Souza Netto Mandalozzo, pela orientação e confiança) e aos meus queridos amigos.

Sumário

PREFÁCIO — Silvana Souza Netto Mandalozzo 11

INTRODUÇÃO 15

1. CONSIDERAÇÕES SOBRE O TRABALHO, O DIREITO DO TRABALHO E AS RELAÇÕES DE TRABALHO 17
   1.1. Definição do trabalho e do Direito do Trabalho 17
       1.1.1. Distinção entre relação de trabalho e relação de emprego .. 19
   1.2. Das espécies de relação de trabalho 20
       1.2.1. Trabalho autônomo 20
       1.2.2. Trabalho eventual 21
       1.2.3. Trabalho avulso 22
       1.2.4. Trabalho temporário 24
       1.2.5. Trabalho terceirizado 26
       1.2.6. Do contrato individual de trabalho 27
   1.3. Considerações sobre a regulamentação do trabalho da criança e do adolescente no Brasil 32

2. DO CONCEITO DE MANIFESTAÇÃO ARTÍSTICA E DA ATIVIDADE DE MODELO/MANEQUIM 37
   2.1. Considerações sobre o trabalho do artista 40
       2.1.1. Do limite de idade para desempenho de atividade artística 42
   2.2. Da atividade de modelo/manequim 50
       2.2.1. Considerações sobre a evolução histórica da profissão de modelo/manequim 51
           2.2.1.1. Da indústria cultural 56
           2.2.1.2. Da avareza 61
       2.2.2. Considerações sobre a regulamentação da profissão de modelo/manequim 63

3. RESULTADOS E DISCUSSÕES DA PESQUISA DE CAMPO.................. 67

   3.1. Questionário — Agências de manequins e modelos de Curitiba/PR e informações obtidas com o sindicato de manequins e modelos do Paraná (SIMM), com o Ministério do Trabalho e Emprego — Superintendência Regional do Trabalho e Emprego do Paraná (SRTE/PR). 67

   3.2. Da competência para autorização de crianças e adolescentes participarem de eventos artísticos 77

   3.3. Da natureza da atividade dos modelos/manequins 82

      3.3.1. Das crianças e dos adolescentes que desempenham atividade de modelo/manequim.. 85

CONCLUSÃO.. 93

REFERÊNCIAS BIBLIOGRÁFICAS.. 97

Prefácio

Grandes realizações são possíveis quando se dá atenção aos pequenos começos.
(Lao-Tsé — filósofo chinês)

Com muita honra recebi o convite para a elaboração do prefácio da obra escrita por *Júlia Zerbetto Furlan*, intitulada *Atividade de modelo/manequim e o trabalho infanto-juvenil*.

Este livro surgiu do trabalho de conclusão do Curso de Especialização em Direito do Trabalho e Preparatório à Magistratura do Trabalho de 2008, ministrado pela Escola da Associação dos Magistrados do Trabalho da 9ª Região-PR (Ematra-IX) em convênio com a UNIBRASIL, cuja avaliação pela banca examinadora levou a atribuição da nota máxima, qual seja 10 (dez). A nota conferida, por si só, dispensaria comentários a respeito da qualidade do trabalho.

Qualquer pessoa ao olhar um comercial, uma revista, um *outdoor*, um desfile ou similar, onde exista um modelo/manequim infanto-juvenil, jamais imagina o caminho legal e social para esta atividade. São tantas as possibilidades, as exigências, as condições a serem seguidas, abordadas nesta obra de forma inédita, o que a torna uma raridade.

O assunto não foi abordado somente com o enfoque jurídico, mas com a análise multidisciplinar, adequando o trabalho originário ao formato de livro, com redação clara e objetiva.

A autora desafiou a abordagem de um tema atual, com muita responsabilidade, persistência, e ao mesmo tempo utilizou a flexibilidade para tratar um assunto sobre o qual muito pouco havia sido escrito. Verificou não só os aspectos clássicos do trabalho infanto-juvenil, mas também os aspectos contemporâneos, fazendo uma ligação com o uso capitalista desta espécie de atividade e as consequências que podem acarretar ao modelo/manequim.

O trabalho se traduz numa obra completa, principalmente considerando a rica pesquisa de campo efetuada, merecendo a leitura obrigatória por todos aqueles que se fascinam pela matéria.

Por fim, o olhar sobre a obra concluída e aceita para a publicação em editora de grande conceito, sob a ótica pessoal, só vem a trazer ânimo e otimismo na continuidade da minha carreira do magistério. Com um excelente início, uma jovem como *Júlia Zerbetto Furlan* tem um grande futuro com suas ideias, sendo um exemplo a ser seguido.

Silvana Souza Netto Mandalozzo
Professora Associada da UEPG.
Juíza do Trabalho.
Mestre e Doutora em Direito pela UFPR.

Todas as grandes personagens começaram por serem crianças, mas poucas se recordam disso.

(Antoine de Saint-Exupéry)

INTRODUÇÃO

Este livro tem por objetivo estabelecer uma relação entre a atividade de modelo/manequim e um dos tipos de trabalho, examinar as legislações e doutrinas existentes sobre o tema, analisar a prática desta atividade por meio de pesquisa de campo e apresentar uma proposta de alteração legislativa e/ou outras possíveis soluções.

Além disso, pretende-se alertar a sociedade da existência de trabalho infantil "legalizado" no meio artístico, o qual, muitas vezes, é permitido pelos pais/responsáveis, devido à vantagem econômica proveniente desta exploração forjada; bem como informar dos possíveis riscos à integridade física, psíquica e moral da criança e do adolescente submetidos a este tipo de "trabalho".

Para tanto, o trabalho foi dividido em três capítulos. O primeiro versa sobre a concepção de trabalho, o Direito do Trabalho e as relações de trabalho. Neste capítulo buscou-se demonstrar a existência de várias espécies de relação de trabalho, diferenciando-se relação de trabalho de emprego, identificando o trabalho autônomo, o eventual, o avulso, o temporário e o terceirizado. Tratou-se de uma das fontes da relação de emprego, qual seja, o contrato individual do trabalho, à luz da legislação e da doutrina atual. Analisaram-se os vícios que podem nulificar tal contrato, dentre eles a contratação de menor, com idade inferior à prevista na lei — qual seja dezesseis anos — para qualquer trabalho (art. 7º, XXXIII, da Constituição Federal, com redação da Emenda Constitucional n. 20/1998). Além disso, foram feitas algumas considerações acerca da regulamentação do trabalho da criança e do adolescente, destacando-se sucintamente o desenrolar da legislação protetiva nacional, também a internacional, e a situação atual.

No segundo capítulo, foram feitas algumas considerações acerca do conceito de manifestação artística e da atividade de modelo/manequim. Tecendo-se algumas considerações sobre o conceito de arte; de manifestação artística, a necessidade de criação, individualidade, liberdade, intelectualidade, etc., para caracterizá-la; e de moda, que é uma das formas de sua expressão, assim como a pintura, a dança, o teatro, etc. Analisando-se o trabalho do artista, bem como a limitação de idade para o desempenho desta atividade. No tocante à atividade de modelo/manequim fizeram-se algumas considerações acerca da evolução histórica desta profissão, bem como sua regulamentação. Demonstrou-se também que atualmente, devido ao fenômeno denominado "indústria cultural" — observado por *Theodor Wiesengrund Adorno* —, não há que se falar mais em arte, pois devido ao progresso da industrialização, do consumo, a arte tornou-se mais uma mercadoria do capitalismo, no qual impera a imitação, não mais a criatividade, espontaneidade. E como consequência disso, ocorreu tal doutrinador, para a "morte da arte".

No terceiro e último capítulo, foi feita uma análise dos dados coletados em pesquisa de campo, por meio de questionários dirigidos às agências de manequim/modelo de Curitiba/PR e de entrevistas semiestruturadas com o Sindicato de Manequins e Modelos do Paraná (SIMM), com o Ministério do Trabalho e Emprego — Superintendência Regional do Trabalho e Emprego do Paraná (SRTE/PR) —, sendo que todos autorizaram a utilização dos dados e informações prestadas para elaboração do presente trabalho. Tais dados foram contrastados com o estudo desenvolvido nos capítulos anteriores, a fim de se verificar, na realidade, como é desempenhada a atividade de modelo/manequim, suas exigências, seus horários, a quantidade de modelos/manequins atuando no mercado de Curitiba/PR, bem como se tal atividade configura-se como uma forma de manifestação artística ou trabalho e qual espécie, se o exercício desta pode acarretar prejuízos ao desenvolvimento normal da criança e do adolescente e se existem condições que poderiam garantir um desenvolvimento saudável.

A fim de atingir todos os objetivos propostos, fez-se necessária a utilização da técnica de levantamento e análise bibliográfica (livros e artigos), legislativa, documental; bem como, a fim de se coletar os dados relativos à prática da atividade analisada, utilizou-se da técnica de questionário (fechado) com os responsáveis das agências de manequim/modelo e de entrevista (semiestruturada) com a responsável do SIMM e com a SRTE/PR. Portanto, foi empregado o método teórico-empírico, que compreende as pesquisas de caráter bibliográfico, empírico, prático.

1

CONSIDERAÇÕES SOBRE O TRABALHO, O DIREITO DO TRABALHO E AS RELAÇÕES DE TRABALHO

1.1. DEFINIÇÃO DO TRABALHO E DO DIREITO DO TRABALHO

De acordo com a *Grande Enciclopédia Delta Larousse*[1], trabalho é a "ação ou efeito de trabalhar, de aplicar esforço físico ou mental para realizar ou conseguir alguma coisa". *Luiz Carlos Amorim Robortella* e *Antonio Galvão Peres*[2] destacam que, etimologicamente, "suspeita-se que o termo [trabalho] evoluiu de *tripalium*, antigo instrumento de tortura", portanto, expressava um castigo. Eles trazem também outras duas concepções de trabalho, a "do ponto de vista econômico" e não econômico.

Quanto à primeira concepção, "o trabalho [...] ainda guarda muito de sua acepção original", visto que

> [...] [constatam-se] duas notas características: a fadiga e a pena. Não há, desde os primórdios da humanidade, trabalho humano desprovido dessas duas características, mesmo porque o trabalho foi imposto ao homem como castigo. [...] [Quanto à penosidade] alguns autores vêem claramente no trabalho [que] passou a refletir, para grande parte da humanidade, um dever. Para alguns, um dever decorrente da própria necessidade de proverem a sua subsistência; para outros, um dever decorrente de um contrato, ainda que não imposto por uma necessidade vital. Para todos, no entanto, é o trabalho um dever, e por exigência da vida comunitária, um dever social[3].

---

(1) In: HOUAISS, Antônio. *Grande Enciclopédia Delta Larousse*. v. 14. Rio de Janeiro: Delta S.A., 1972. p. 6.722.

(2) ROBORTELLA, Luiz Carlos Amorim; PERES, Antonio Galvão. Trabalho artístico da criança e do adolescente: valores constitucionais e normas de proteção. *Revista LTr*, São Paulo, v. 69, n. 02, p. 148-157, fev./2005.

(3) SILVA, Carlos Alberto Barata. Denominação, definição e divisão do direito do trabalho. In: MAGANO, Octavio Bueno (Coord.). *Curso de direito do trabalho*: em homenagem a Mozart Victor Russomano. São Paulo: Saraiva, 1985. p. 54.

A segunda concepção, a do ponto de vista não econômico, o trabalho "[é] desenvolvido pelo homem que medita, que pesquisa, que estuda, bem como no trabalho do homem que pensa sobre si mesmo, refletindo sobre os valores espirituais e interiores"[4].

Já o Direito do Trabalho, de acordo com os ensinamentos de *Hernainz Marques*, é o "conjunto de normas jurídicas que regulam, na variedade de seus aspectos, as relações de trabalho, sua preparação, seu desenvolvimento, consequências e instituições complementares dos elementos pessoais que nelas intervêm"[5], ou seja, o Direito do Trabalho é ramo da ciência jurídica, constituído por um sistema de normas, princípios, regras e instituições próprias, que tem por objetivo regulamentar as relações de trabalho, determinar os seus sujeitos e as organizações destinadas à sua proteção, cujo objetivo fundamental é a pacificação social, a harmonia social entre o capital e o trabalho, por meio da valorização do trabalho humano e da "intervenção básica do Estado para prescrever normas gerais de proteção ao trabalhador, abaixo das quais não se pode conceber a dignidade do ser humano"[6].

E mais, levando-se em conta os ensinamentos de *Mozart Victor Russomano*, "Direito do Trabalho é um conjunto de princípios e normas tutelares que disciplinam as relações entre empresários e trabalhadores ou entre as entidades sindicais que os representam assim como outros fatos jurídicos resultantes do trabalho"[7]. É importante destacar que o doutrinador ao utilizar a expressão "tutelares" na conceituação quis, além de assinalar a "natureza íntima do contrato", demonstrar a "Justiça", pois "a ideia de Justiça conduz à necessidade de se proteger o trabalhador, assegurando-lhe, na ordem social contemporânea, um regime de defesa contra a prepotência ou o desmando do empresário, que detém os meios de produção e, por isso, conserva o controle da vida econômica nacional"[8].

Assim, pode-se dizer que o Direito do Trabalho é o ramo do direito voltado à regulamentação das relações de trabalho, em sentido amplo, visando assegurar à parte menos favorecida (geralmente o trabalhador) alguns direitos e garantias mínimos, os quais devem ser respeitados pelos tomadores do serviço (proprietários dos meios de produção) sob pena de se estar ferindo a dignidade do trabalhador, a saúde, a moral e até a vida, que, devido à importância que têm para se atingir a pacificação social entre o capital e o trabalho, são assegurados constitucionalmente.

---

(4) *Ibidem*, p. 56.

(5) *Apud* SÜSSEKIND et al. *Instituições de direito do trabalho*. 22. ed. v. 1. São Paulo: LTr, 2005. p. 98.

(6) *Ibidem*, p. 100-101.

(7) RUSSOMANO, Mozart Victor. *Curso de direito do trabalho*. 5. ed. rev. e ampl. Curitiba: Juruá, 1995. p. 24-27.

(8) *Ibidem*, p. 25.

1.1.1. Distinção entre relação de trabalho e relação de emprego

Relação de trabalho é o gênero no qual a relação de emprego é espécie[9]. Ou seja, relação de trabalho é aquela que envolve dois sujeitos, cujo objeto é a prestação de determinado serviço por pessoa física, independentemente de subordinação, de habitualidade ou onerosidade. Nas palavras de *Carlos Henrique Bezerra Leite*, "relação de trabalho é aquela que diz respeito [...] a toda e qualquer atividade humana em que haja prestação de trabalho, [...] [podendo configurar-se] pela presença de três elementos: o prestador do serviço, o trabalho (subordinado ou não) e o *tomador* do serviço"[10]. E relação de emprego, por sua vez, caracteriza-se pelo modo, pela maneira que o serviço é prestado, ou seja, para configurá-la é necessária a observância de alguns requisitos, quais sejam: pessoa física (*intuitu personae* com relação ao empregado); continuidade; subordinação; salário; pessoalidade; cujas partes são denominadas empregado e empregador.

De acordo com o art. 3º da Consolidação das Leis do Trabalho (CLT), empregado é "toda pessoa física que prestar serviços de natureza não eventual ao empregador, sob a dependência deste e mediante salário", e empregador, conforme art. 2º deste mesmo diploma legal, é a "empresa, individual ou coletiva, que, assumindo os riscos da atividade econômica, admite, assalaria e dirige a prestação pessoal de serviço".

Por serviços de natureza não eventual (contínuo) pode-se entender, conforme os ensinamentos de *Amauri Mascaro Nascimento*[11], *a contrario sensu* do que entende por trabalhador eventual, aquele que é prestado para alguém não ocasionalmente, contínuo, no sentido de permanência em uma organização de trabalho com ânimo definitivo, possibilidade de fixação jurídica a uma fonte de trabalho, ou seja, unicidade de tomador de serviços, tempo de duração razoável do trabalho prestado, e, por fim, a compatibilidade com o fim empresarial; isto quer dizer que não eventual é aquele que presta serviços para atingir, coincidir com o fim empresarial[12].

Subordinação pode ser entendida como dependência hierárquica, denominada por *Arnaldo Süssekind*[13] de subordinação jurídica, ou seja, a partir do momento

---

(9) Conforme LEITE, Carlos Henrique Bezerra. *Curso de direito processual do trabalho*. 4. ed. São Paulo: LTr, 2006. p. 175.

(10) *Ibidem*, p. 176.

(11) NASCIMENTO, Amauri Mascaro. *Curso de direito do trabalho*: história e teoria geral do direito — relações individuais e coletivas. 18. ed. rev. e atual. São Paulo: Saraiva, 2003. p. 376-377.

(12) Este último elemento, compatibilidade com o fim empresarial, é considerado inadequado por Amauri Mascaro Nascimento, porém, na obra de SÜSSEKIND *et al. Op. cit.*, p. 311, é citado como essencial, afirmando ainda que "o tempo de duração da prestação não importa: pela própria natureza da atividade do empregador [...] desde que o serviço não seja excepcional ou transitório em relação à *atividade* do estabelecimento, não há falar em trabalho eventual".

(13) *Idem*.

em que há o encontro de vontades, na qual o empregado aceita as consequências e os ônus de figurar numa relação jurídica, em pertencer a uma hierarquia inferior, cedendo ao empregador o poder geral de fiscalizar a atividade e interrompê-la, surge a subordinação jurídica. Por meio desta o empregado limita-se "a permitir que sua força de trabalho seja utilizada, como fator de produção, na atividade econômica exercida por outrem, a quem fica por isso, juridicamente subordinado"[14].

Desta relação de emprego deve resultar, como contraprestação pelos serviços prestados, o pagamento de uma quantia em dinheiro, denominada salário, justamente por ter, tal relação, um caráter oneroso, comutativo. Por conta disso, prevê o art. 460 da CLT que a falta da estipulação do valor do salário ou se o seu pagamento se der sob forma indireta não afasta a condição de empregado, podendo este, no caso, perceber salário igual ao daquele que, na mesma empresa, fizer serviço equivalente ou do que for habitualmente pago para serviço semelhante[15].

Por fim, exige-se para configurar a relação de emprego, cumulativamente com esses outros requisitos já abordados, a pessoalidade (prevista na parte final do art. 2º da CLT), ou seja, o empregado deve prestar os serviços pessoalmente, não podendo substituir ou delegar a outrem sua atividade.

Mister observar que após a Emenda Constitucional (EC) n. 45, de 31 de dezembro de 2004, a Justiça do Trabalho (JT) teve sua competência ampliada significativamente, abarcando, dentre outras matérias, os conflitos oriundos da "relação de trabalho" (art. 114, I e IX, da Constituição Federal (CF))[16], seguindo tendência já preconizada por *Mozart Victor Russomano*, que previa em seu conceito de Direito de Trabalho de modo genérico "as relações entre empresários e trabalhadores"[17].

1.2. DAS ESPÉCIES DE RELAÇÃO DE TRABALHO

Feitas as considerações acerca da distinção entre relação de trabalho e relação de emprego, cumpre, agora, analisar algumas das espécies de relação de trabalho.

1.2.1. Trabalho autônomo

Conforme ensinamento de *Mauricio Godinho Delgado* "os diversificados vínculos de trabalho autônomo existentes afastam-se da figura técnico-jurídica da relação de emprego *essencialmente* pela falta do elemento fático-jurídico da *subor-*

---

(14) *Idem*.

(15) *Idem*.

(16) De acordo com LEITE, Carlos Henrique Bezerra. *Op. cit.*, p. 180, "[...] a ampliação da competência da Justiça do Trabalho para processar e julgar ações oriundas de relação de trabalho não significa que os direitos sociais trabalhistas previstos na CF (arts. 7º, 8º, 10 e 11) e na CLT tenham sido estendidos aos demais trabalhadores não empregados. [...] a tutela conferida pela EC n. 45/2004 aos trabalhadores não empregados foi de caráter apenas processual [...]".

(17) RUSSOMANO, Mozart Victor. *Op. cit.*, p. 24-27.

dinação. [...] [E ainda há a possibilidade de assim ser] em decorrência da falta de um segundo elemento fático-jurídico, a *pessoalidade*"[18].

Ou seja, no trabalho autônomo o modo da prestação do serviço pactuado se dá sem a existência da subordinação jurídica (existente nas relações de emprego), uma vez que "o próprio prestador é que estabelece e concretiza, cotidianamente, a forma de realização dos serviços que pactuou prestar"[19], é ele quem corre o risco de sua atividade[20].

Além disso, pode-se configurar trabalho autônomo também aquele que, aliado à falta de subordinação, não for prestado de maneira pessoal, sem a pessoalidade, ou seja, "a fungibilidade da pessoa física do prestador permite que essa modalidade de prestação de serviços possa até mesmo ser contratada a pessoas jurídicas [...] [sendo] característica da relação jurídica ajustada a substituição e alteração do profissional que efetivamente produz o serviço pactuado [...], mantendo-a no âmbito civil (art. 1.216, CCB/1916; art. 594, CCB/2002)"[21]. Cumpre observar que o fato de o trabalho ter sido contratado com previsão de pessoalidade por parte do prestador do serviço, isso, por si só, não tira deste o caráter de autônomo se não houver a subordinação; "é o que tende a ocorrer com a prestação de serviços contratada a profissionais de nível mais sofisticado de conhecimento ou habilidade, como médicos, advogados, artistas, etc."[22].

Há vários exemplos de trabalho autônomo, dentre eles: o de prestação de serviços (arts. 593 a 609 do Código Civil de 2002 (CC)), empreitada (arts. 610 a 626 do CC), representação comercial (Lei n. 4.886/1965), de agência e distribuição (arts. 710 a 721 do CC).

1.2.2. *Trabalho eventual*

Distingue-se da relação de emprego justamente por se tratar de prestação de serviço eventual, não habitual. Porém, isso por si só não basta para caracterizar o trabalho eventual, necessário se faz, na prática (imbuídos pelo princípio da primazia da realidade), somar alguns elementos caracterizadores, que segundo *Mauricio Godinho Delgado* são:

a) descontinuidade da prestação do trabalho, entendida como a não-permanência em uma organização com ânimo definitivo; b) não fixação jurídica a uma única fonte de trabalho, com pluralidade variável de tomadores de ser-

---

(18) DELGADO, Mauricio Godinho. *Curso de direito do trabalho*. 5. ed. São Paulo: LTr, 2006. p. 334.

(19) *Idem*.

(20) O fato de o trabalhador autônomo assumir os riscos da própria prestação de serviço não é um pressuposto ou um elemento constitutivo do trabalho autônomo, é "mero *efeito contratual* [...]". *Ibidem*, p. 337.

(21) *Ibidem*, p. 335.

(22) *Idem*.

viços; c) curta duração do trabalho prestado; d) natureza do trabalho concernente a evento certo, determinado e episódico quanto à regular dinâmica do empreendimento do tomador dos serviços; e) em consequência, a natureza do trabalho não seria também correspondente ao padrão dos fins normais do empreendimento[23].

Para *Délio Maranhão*, "a aferição da natureza eventual dos serviços há de ser feita tendo em vista os fins normais da empresa. A descontinuidade da prestação nem sempre afastará a existência de autêntico contrato de trabalho, desde que corresponda a uma normal descontinuidade de atividade econômica do empregador: prestação descontínua, mas necessidade permanente"[24].

Portanto, não é possível estabelecer uma regra fixa de enquadramento em se tratando de trabalho eventual, necessário será analisar caso a caso para daí poder concluir tratar de trabalho eventual ou de relação de emprego, pois no trabalho eventual também "tendem a se reunir os demais pressupostos da relação empregatícia [subordinação, onerosidade, pessoalidade e prestação por pessoa física]; seguramente, entretanto, não se apresenta o elemento *permanência* (ou melhor, *não eventualidade*)"[25], afastando, dessa forma, a incidência da "legislação trabalhista clássica"[26].

Assim, podem-se citar como exemplo: os diaristas, os boias-frias, os chapeiros, entre outros, porém, deve-se observar, sempre, como se dará, na prática, a prestação destes serviços, a fim de se verificar se há ou não as características da eventualidade.

1.2.3. Trabalho avulso

Conforme ensinamentos de *Mauricio Godinho Delgado*, trabalho avulso "corresponde a modalidade de trabalhador eventual, que oferta sua força de trabalho, por curtos períodos de tempo, a distintos tomadores, sem se fixar especificamente a qualquer deles"[27].

O que distingue ambos (avulso e eventual) "é a circunstância de sua força de trabalho ser ofertada, no mercado específico em que atua (o setor portuário), através de uma *entidade intermediária* [sindicato ou órgão gestor de mão de obra] [...] [a qual] realiza a interposição da força de trabalho avulsa em face dos distintos tomadores de serviço [...]"[28].

---

(23) *Ibidem*, p. 297 e 340.
(24) MARANHÃO, Délio. Sujeitos do contrato de trabalho. In: SÜSSEKIND *et al. Op. cit.*, p. 312.
(25) DELGADO, Mauricio Godinho. *Op. cit.*, p. 339.
(26) *Ibidem*, p. 293.
(27) *Ibidem*, p. 341.
(28) *Idem*.

Nos termos da Lei n. 8.212/1991, art. 12, VI, o qual elenca os segurados obrigatórios da Previdência Social, trabalhador avulso é "quem presta, a diversas empresas, sem vínculo empregatício, serviços de natureza urbana ou rural definidos no regulamento", e conforme Decreto n. 3.048/1999, em seu art. 9º, VI, trabalhador avulso é:

> VI — [...] aquele que, sindicalizado ou não, presta serviço de natureza urbana ou rural a diversas empresas, sem vínculo empregatício, com a intermediação obrigatória do órgão gestor de mão de obra, nos termos da Lei n. 8.630, de 25 de fevereiro de 1993, ou do sindicato da categoria, assim considerados:
>
> a) o trabalhador que exerce atividade portuária de capatazia, estiva, conferência e conserto de carga, vigilância de embarcação e bloco;
>
> b) o trabalhador de estiva de mercadorias de qualquer natureza, inclusive carvão e minério;
>
> c) o trabalhador em alvarenga (embarcação para carga e descarga de navios);
>
> d) o amarrador de embarcação;
>
> e) o ensacador de café, cacau, sal e similares;
>
> f) o trabalhador na indústria de extração de sal;
>
> g) o carregador de bagagem em porto;
>
> h) o prático de barra em porto;
>
> i) o guindasteiro; e
>
> j) o classificador, o movimentador e o empacotador de mercadorias em portos.

Conforme *José Martins Catharino* o trabalhador avulso é "aquele que, devidamente habilitado e registrado como tal, pelo órgão gestor de mão de obra, trabalha para operador portuário, remunerado por este, mas pago pelo primeiro"[29].

O trabalho avulso é regido pelas Leis n. 8.630/1993 e n. 9.719/1998, e possui os mesmos direitos trabalhistas e previdenciários que os empregados das relações empregatícias, os quais são assegurados constitucionalmente (art. 7º, XXXIV, da CF).

Esta categoria abrange, "fundamentalmente, os trabalhadores da orla marítima e portuária, como operadores de carga e descarga, conferentes e conservadores de carga e descarga, arrumadores, ensacadores de mercadorias e amarradores"[30].

Porém, o art. 13 da Lei n. 9.719/1998 expressa que: "esta Lei também se aplica aos requisitantes de mão de obra de trabalhador portuário avulso junto ao órgão gestor de mão de obra que não sejam operadores portuários".

---

(29) *O novo sistema portuário brasileiro*. Rio de Janeiro: Destaque. p. 22. *Apud* BARROS, Alice Monteiro de. *Contratos e regulamentações especiais de trabalho*: peculiaridades, aspectos controvertidos e tendências. 3. ed. São Paulo: LTr, 2008. p. 527.

(30) *Ibidem*, p. 343.

Desta forma, o trabalho avulso possui as mesmas características que o trabalho eventual, como a subordinação, a onerosidade, a pessoalidade, a prestação por pessoa física, e até mesmo a eventualidade para com os tomadores do serviço, a diferença reside no fato de os avulsos terem a intermediação do sindicato ou do órgão gestor de mão de obra entre os trabalhadores e os tomadores do serviço, os quais arregimentam os trabalhadores e os enviam para o desempenho das atividades necessárias.

Com relação à responsabilidade pelo pagamento das verbas trabalhistas devidas, o art. 2º, I e II, e §§ 1º a 6º da Lei n. 9.719/1998 prevê que o operador portuário[31] é responsável pelo recolhimento ao órgão gestor de mão de obra dos valores devidos pelos serviços executados, o órgão gestor de mão de obra é responsável pelo pagamento da remuneração pelos serviços executados diretamente ao trabalhador portuário avulso, o qual deverá ser feito no prazo de 48 horas após o término do serviço, prevendo ainda em seu § 4º o seguinte:

> § 4º O operador portuário e o órgão gestor de mão de obra são solidariamente responsáveis pelo pagamento dos encargos trabalhistas, das contribuições previdenciárias e demais obrigações, inclusive acessórias, devidas à Seguridade Social, arrecadadas pelo Instituto Nacional do Seguro Social — INSS, vedada a invocação do benefício de ordem. — sem destaque no original.

Portanto, o operador portuário e o órgão gestor de mão de obra são solidariamente responsáveis pelo pagamento das verbas trabalhistas dos trabalhadores avulsos.

1.2.4. Trabalho temporário

O trabalho temporário passou a ser disciplinado no Brasil com o advento da Lei n. 6.019/1974, regulamentada pelo Decreto n. 73.841/1974, cujo objetivo era o de "suprir momentaneamente uma necessidade transitória de substituição e de acréscimo extraordinário de serviço da empresa tomadora [...]"[32]. Conforme *Mauricio Godinho Delgado* "hoje prepondera o entendimento de que o *contrato temporário*, embora regulado por lei especial, *é um contrato de emprego*, do tipo pacto a termo, apenas submetido às regras especiais da Lei n. 6.019/1974"[33].

Seu conceito está previsto no art. 2º da Lei n. 6.019/1974, segundo o qual "trabalho temporário é aquele prestado por pessoa física a uma empresa, para atender à necessidade transitória de substituição de seu pessoal regular e permanente ou a acréscimo extraordinário de serviços".

---

(31) Cumpre observar que, nos termos do § 1º, II e III, do art. 1º da Lei n. 8.630/1993: "§ 1º Para os efeitos desta lei, consideram-se: [...] II — Operação Portuária: a de movimentação de passageiros ou a de movimentação ou armazenagem de mercadorias, destinados ou provenientes de transporte aquaviário, realizada no porto organizado por operadores portuários; III — Operador portuário: a pessoa jurídica pré-qualificada para a execução de operação portuária na área do porto organizado; [...]".

(32) BARROS, Alice Monteiro de. *Op. cit.*, p. 537-538.

(33) DELGADO, Mauricio Godinho. *Op. cit.*, p. 449.

Essa relação jurídica envolve três partes: "a) empresa de trabalho temporário (ETT) ou empresa terceirizante; b) trabalhador temporário; c) empresa tomadora dos serviços (ETS) ou empresa cliente"[34]. Nos termos do art. 4º da Lei n. 6.019/1974 "compreende-se como empresa de trabalho temporário a pessoa física ou jurídica urbana, cuja atividade consiste em colocar à disposição de outras empresas, temporariamente, trabalhadores, devidamente qualificados, por elas remunerados e assistidos", cujo funcionamento dependerá de registro junto ao Ministério do Trabalho (art. 5º da referida Lei). Para *Mauricio Godinho Delgado* trabalhador temporário "é aquele que, juridicamente vinculado a uma empresa de trabalho temporário, de quem recebe suas parcelas contratuais, presta serviços a outra empresa, para atender a necessidade transitória de substituição do pessoal regular e permanente ou a acréscimo extraordinário dos serviços da empresa tomadora"[35].

Os vínculos jurídicos havidos entre as partes são distintos e, nos dizeres de *João de Lima Teixeira Filho*, são: "um, de natureza civil, entre a empresa cliente e a empresa de trabalho temporário [...]; o outro, de natureza trabalhista[36], entre o trabalhador temporário e a empresa fornecedora, que o assalaria, responde diretamente pelos direitos assegurados em lei (art. 11), mas não dirige a prestação pessoal de serviço"[37]. Isso quer dizer que o vínculo de trabalho formado dessa prestação de serviço não se dá entre o tomador de serviço e o trabalhador, mas sim entre a empresa fornecedora da mão de obra e o trabalhador, sendo que a empresa fornecedora delega o poder de comando à empresa tomadora do serviço, devendo o trabalhador se submeter a essa "dupla autoridade"[38].

Para isso ocorrer, devem-se observar todas as formalidades previstas na Lei n. 6.019/1974, quais sejam: os contratos celebrados tanto entre as empresas de trabalho temporário e as tomadoras do serviço como os firmados entre a empresa de trabalho temporário e cada um dos trabalhadores deverão ser, obrigatoriamente, escritos (arts. 9º e 11), além disso, o contrato entre as empresas deverá ainda conter, expressamente, o motivo justificador da demanda de trabalho temporário (art. 9º) — a) atendimento a necessidade transitória de substituição de pessoal regular e permanente da empresa tomadora, ou b) atendimento a necessidade decorrente de acréscimo extraordinário de serviços (art. 2º) —; o prazo não poderá exceder 3 (três) meses, exceto se houver autorização do Ministério do Trabalho (art. 10).

Caso não seja observado qualquer um desses requisitos a contratação de trabalhador temporário será nula, incidindo, então, a previsão do item I da Súmula n. 331 do Tribunal Superior do Trabalho (TST), qual seja "a contratação de traba-

---

(34) *Ibidem*, p. 450.

(35) *Ibidem*, p. 451.

(36) Para Mauricio Godinho Delgado, *Ibidem*, p. 450, o vínculo jurídico existente entre o trabalhador temporário e a empresa de trabalho temporário é de natureza empregatícia.

(37) Trabalho temporário. In: SÜSSEKIND *et al. Op. cit.*, p. 274.

(38) BARROS, Alice Monteiro de. *Op. cit.*, p. 540.

lhadores por empresa interposta é ilegal, formando-se o vínculo diretamente com o tomador dos serviços, salvo no caso de trabalho temporário (Lei n. 6.019, de 03.01.1974)", ou seja, haverá "automática descaracterização [do contrato temporário], dando origem a um contrato empregatício clássico, por tempo indeterminado [...]"[39], cujo "liame empregatício trava-se, de fato, entre a empresa tomadora dos serviços e o trabalhador [...]"[40]. Além disso, deve-se observar que, nos termos do art. 16 da Lei n. 6.019/1974, haverá responsabilidade solidária da empresa tomadora do serviço no caso de falência da empresa de trabalho temporário.

Ao trabalhador temporário são assegurados os direitos previstos no art. 12 da Lei n. 6.019/1974, cujo rol "é meramente exemplificativo"[41], admitindo-se outros "desde que compatíveis com essa modalidade de contrato"[42]. Portanto, pode-se dizer que há uma equiparação de direitos entre o trabalhador temporário e o empregado.

1.2.5. Trabalho terceirizado

Partindo da ideia de intermediação da mão de obra e da "descentralização empresarial de atividades para outrem, um terceiro à empresa"[43], surge o conceito de terceirização: *"o fenômeno pelo qual se dissocia a relação econômica de trabalho da relação justrabalhista que lhe seria correspondente"*[44], criando-se uma relação trilateral entre o trabalhador, que irá prestar serviços a uma empresa tomadora do serviço ou cliente; a empresa terceirizante, que faz a intermediação e fornece a mão de obra, com quem forma o vínculo empregatício; e a empresa tomadora do serviço ou cliente, que receberá os serviços a serem prestados pelo trabalhador, sem formação do vínculo empregatício[45].

Devido à escassa regulamentação acerca dessa relação trabalhista trilateral no âmbito privado — prevista apenas na CLT em seus arts. 455, 652, *a*, e 442, parágrafo único (empreitada, subempreitada, pequena empreitada e cooperativa, respectivamente), na Lei n. 6.019/1974, que regulamenta o trabalho temporário, já analisado acima, e na Lei n. 7.102/1983, que regulamenta o trabalho de vigilância bancário, permitindo a terceirização permanente desta categoria profissional — e ao crescente uso dessa figura no mercado de trabalho, o TST, por meio da Súmula n. 331, itens I a IV, trouxe à tona a distinção entre terceirização lícita e ilícita, apresentando critérios para essa aferição: a existência de quatro situações

---

(39) DELGADO, Mauricio Godinho. *Op. cit.*, p. 453.

(40) TEIXEIRA FILHO, João de Lima. In: SÜSSEKIND *et al. Op. cit.*, p. 277.

(41) BARROS, Alice Monteiro de. *Op. cit.*, p. 541.

(42) *Idem*.

(43) DELGADO, Mauricio Godinho. *Op. cit.*, p. 428.

(44) *Idem* — destaque no original.

(45) *Idem*.

que autorizam a terceirização na prática, bem como a ausência de pessoalidade e subordinação direta com a empresa tomadora do serviço.

As situações que autorizam a terceirização, portanto, presume-se lícita a intermediação de mão de obra, considerando-se válido o vínculo empregatício com a empresa terceirizante, fornecedora da mão de obra, são: 1) as elencadas pela Lei n. 6.019/1974, sobre o trabalho temporário, conforme já exposto anteriormente (item I, da Súmula n. 331 do TST); 2) as previstas na Lei n. 7.102/1983, que diz respeito ao serviço de vigilância (item III, da Súmula n. 331 do TST); 3) as atividades de conservação e limpeza (item III, da Súmula n. 331 do TST); 4) as decorrentes de serviços especializados ligados à atividade-meio da empresa tomadora[46] (item III, da Súmula n. 331 do TST), desde que ausente a pessoalidade e a subordinação direta entre o trabalhador e a empresa tomadora do serviço (item III, da Súmula n. 331 do TST), com exceção do trabalho temporário que admite a pessoalidade e a subordinação diretas[47].

Assim, não se observando os critérios da Súmula n. 331 do TST, ilícita, e, portanto, nula, será a terceirização, reconhecendo-se o vínculo empregatício do trabalhador diretamente com a empresa tomadora do serviço, e todos os direitos oriundos da categoria, inclusive "eventual defasagem de parcelas ocorrida em face do artifício terceirizante"[48].

1.2.6. Do contrato individual de trabalho

Cumpre destacar que diversas teorias surgiram acerca da natureza jurídica do contrato de trabalho. "Inicialmente, preponderou a tendência civilista [...] [subordinando] o contrato de trabalho às figuras clássicas e tradicionais do contratualismo do Direito Civil (*teorias contratualistas tradicionais*)"[49] —, dentre elas a Teoria do Arrendamento, a Teoria da Compra e Venda, a Teoria do Mandato e a Teoria da Sociedade. "Em seguida [...] surge a tendência de se procurar romper com qualquer traço teórico de origem civilista [...]. Para esse fim construiu-se caminho

---

(46) Sobre atividade-meio e atividade-fim da empresa, Mauricio Godinho Delgado analisa: "*Atividades-fim podem ser conceituadas como as funções e tarefas empresariais e laborais que se ajustam ao núcleo da dinâmica empresarial do tomador dos serviços, compondo a essência dessa dinâmica e contribuindo inclusive para a definição de seu posicionamento e classificação no contexto empresarial e econômico. São, portanto, atividades nucleares e definitórias da dinâmica empresarial do tomador dos serviços. Por outro lado, atividades-meio são aquelas funções e tarefas empresariais e laborais que não se ajustam ao núcleo da dinâmica empresarial do tomador dos serviços, nem compõem a essência dessa dinâmica ou contribuem para a definição de seu posicionamento no contexto empresarial econômico mais amplo. São, portanto, atividades periféricas à essência da dinâmica empresarial do tomador dos serviços*". Ibidem, p. 440-441, destaque no original.

(47) *Ibidem*, p. 439-441.

(48) *Ibidem*, p. 442.

(49) *Ibidem*, p. 308 e 309-313.

próprio e distintivo de elaboração teórica, com nítido caráter de resposta e antítese às proposições civilistas anteriores (*teorias da relação de trabalho e institucionalistas*)"[50] — espécies do gênero Teorias Anticontratualistas. Por fim, "chega-se a uma síntese teórica mais equilibrada e complexa, hábil a apreender não só os elementos aproximativos, mas também os diferenciadores da relação de emprego perante o conjunto de relações e institutos próximos e perante o universo jurídico conceitual existente (*teoria contratualista moderna*)"[51], ou seja, a natureza jurídica do contrato de trabalho é contratual, pois decorre de uma manifestação livre de vontade, porém, não se pode reduzi-lo a qualquer figura clássica dos contratos civilistas, "trata-se de relação contratual que tem por objeto uma obrigação de fazer (*obligatio faciendi*) prestada com não eventualidade, onerosamente, de modo subordinado e em caráter de pessoalidade (*intuitu personae*) no que tange ao prestador de trabalho"[52], elementos que serão analisados a seguir.

De acordo com o art. 442 da CLT, "contrato individual de trabalho é o acordo tácito ou expresso, correspondente à relação de emprego". A maioria da doutrina critica este artigo porque, de certa forma, "essa expressão induz à confusão com outros contratos que têm igualmente por objeto o trabalho do homem"[53]. *Délio Maranhão* diz ainda que "girando em círculo vicioso, nada esclarece essa definição [do art. 442 da CLT] a respeito do que pretende definir [...], o contrato *cria* uma relação jurídica, não *corresponde* a ela"[54]. *Sérgio Pinto Martins*, por sua vez, afirma que "contrato de trabalho é gênero, e compreende o contrato de emprego. [Aquele] poderia envolver qualquer trabalho [...]. [Este] diz respeito à relação entre empregado e empregador e não a outro tipo de trabalhador"[55]. Todos ainda sugerem que para afastar esse inconveniente, melhor seria se o legislador substituísse tal expressão (contrato individual de trabalho) por contrato de emprego, denominação mais adequada e restrita[56].

Feitas essas ponderações terminológicas, faz-se necessário avaliar que "o contrato de trabalho não tem *conteúdo específico*: nele se compreende qualquer obrigação de fazer, desde que realizada em estado de *subordinação*"[57]; é o que o distingue de outros contratos afins, e tem como características: o vínculo ser de natureza

---

(50) *Ibidem*, p. 308 e 316-320.

(51) *Ibidem*, p. 308-309 e 313-316.

(52) *Ibidem*, p. 315.

(53) GOMES, Orlando; GOTTSCHALK, Elson. *Curso de direito do trabalho*. 6. ed. São Paulo: Forense, 1975. p. 189.

(54) MARANHÃO, Délio. *Direito do trabalho*. 11. ed. rev. e atual. Rio de Janeiro: Fundação Getúlio Vargas, 1983. p. 37-38.

(55) MARTINS, Sérgio Pinto. *Direito do trabalho*. 17. ed. São Paulo: Atlas, 2003. p. 94-95.

(56) GOMES *et al. Op. cit.*, p. 189; MARTINS, Sérgio Pinto. *Op. cit.*, p. 94.

(57) MARANHÃO, Délio. *Op. cit.*, p. 38.

privada, pois as partes contratantes possuem igualdade, autonomia e liberdade de contratação; é concluído *intuitu personae*, com relação à pessoa do empregado, que se obriga a prestar o serviço pessoalmente; é sinalagmático, pois geram prestações e contraprestações equivalentes e proporcionalmente exigíveis entre si; é consensual, ou seja, basta o consentimento das partes para efetivar o vínculo, para gerar obrigações, pois a lei, via de regra, não exige forma especial, solene; é de trato sucessivo, ou seja, a execução do contrato se prorroga no tempo, pressupondo o elemento continuidade; e, por fim, é oneroso, pois a cada prestação de trabalho haverá (ou pelo menos deve haver) uma contraprestação salarial[58].

E mais, esse contrato, como qualquer outro, precisa observar algumas condições para ter validade jurídica, quais sejam: agente capaz; objeto lícito, possível; e, forma prescrita ou não defesa em lei (art. 104, incisos I a III do CC). Alguns doutrinadores[59] acrescentam a esse rol, ainda: o consentimento, a declaração de vontade e a recepção desta entre empregado e empregador, as quais não devem estar eivadas por erro, dolo, coação, fraude, simulação; e, a causa, o fim, o escopo aparentemente desejado pelas partes, que para o empregado é o salário, a remuneração e outras garantias trabalhistas, e para o empregador é o trabalho e os resultados da atividade do empregado.

Terá capacidade de figurar na relação de emprego, na condição de empregado, a pessoa física capaz, que, de acordo com o art. 5º do CC, é a pessoa que atinge os dezoito anos de idade. Mas, o parágrafo único, inciso V, deste artigo faz uma ressalva, prevendo que "cessará, para os menores, a incapacidade: [...] V — pelo estabelecimento civil ou comercial, ou pela existência de relação de emprego, desde que, em função deles, o menor com dezesseis anos completos tenha economia própria", suficiente para o próprio sustento. Porém, há no ordenamento jurídico brasileiro disposição expressa quanto à idade mínima para admissão ao emprego e ao trabalho, qual seja, o inciso XXXIII do art. 7º da CF, com a redação dada pela EC n. 20/1998, que, de maneira sintetizada, prevê quatro situações: 1) são absolutamente incapazes os menores de quatorze anos de idade; 2) de quatorze a dezesseis anos de idade possuem capacidade específica para realizar contrato de aprendizagem; 3) de dezesseis a dezoito anos de idade são relativamente capazes, podem ser admitidos numa relação de trabalho, desde que não seja trabalho noturno, perigoso ou insalubre; 4) são plenamente capazes os que possuírem idade igual ou superior a dezoito anos.

Essa previsão constitucional, de acordo com *Arnaldo Süssekind*, por tratar-se de norma proibitiva, possui aplicação imediata, independentemente de lei regulamentando-a, revoga todas as disposições legais confrontantes, e mais, afirma

---

(58) *Idem.*
(59) GOMES *et al. Op. cit.*, p. 192; NASCIMENTO, Amauri Mascaro. *Op. cit.*, p. 460-472.

este doutrinador que "a proibição do trabalho a menores de dezesseis anos não é limitada ao exercício de emprego"[60], ou seja, ela alcança, **qualquer relação de trabalho**[61].

A licitude do objeto está relacionada com a possibilidade física (real) e jurídica, ou seja, só se pode contratar atividades lícitas e morais. Em decorrência disso, surgem dois tipos de trabalho, para fins ilícitos e o trabalho proibido[62]. Quanto à formalidade, é regra no tocante ao contrato de trabalho (entende-se emprego) a livre pactuação, ou seja, a forma é livre, pode ser escrito ou verbal, expresso ou tácito, não se exigindo, geralmente, qualquer solenidade (arts. 442 e 443 da CLT). E mais, a relação de emprego não se manifesta apenas por meio do contrato escrito, ela pode advir do simples comportamento desempenhado pelas partes, ou seja, a relação de emprego pode decorrer de acordo tácito, o qual será provado pelo depoimento pessoal das partes, ouvida de testemunhas, fundamentado pelo princípio da primazia da realidade vigente no direito do trabalho (material e processual), "em razão do qual a relação objetiva evidenciada pelos fatos define a verdadeira relação jurídica estipulada pelos contratantes, ainda que sob capa simulada, não correspondente à realidade"[63].

Ademais, é importante ainda destacar que em matéria de contrato ocorre um fenômeno denominado, de acordo com *Amauri Mascaro Nascimento*[64], "*invalidade do contrato*", que produz duas consequências distintas, a anulabilidade e a nulidade. *Arnaldo Süssekind* afirma que será nulo o contrato de trabalho "nos mesmos casos de nulidade do ato jurídico em geral [art. 166 do CC], ou quando concluído com o objetivo de desvirtuar, impedir ou fraudar as normas de proteção ao trabalho [art. 9º da CLT]"[65].

A nulidade relativa ocorrerá, em direito do trabalho, "quando ocorrer violação de direito em que prevalece o interesse privado, individual [...]. Sua declaração dependerá, pois, do exercício pelo empregado de ação judicial, sujeito, portanto, do direito violado, à prescrição na vigência do contrato"[66]. Neste caso, aplicar-se-á a regra do art. 184 do CC, segundo o qual "respeitada a intenção das partes,

---

(60) SÜSSEKIND, Arnaldo. *Direito constitucional do trabalho*. Rio de Janeiro: Renovar, 1999. p. 271-272.

(61) *Vide* considerações sobre o trabalho infantil no tópico 1.3. a seguir.

(62) NASCIMENTO, Amauri Mascaro. *Op. cit.*, p. 461-462. As consequências serão analisadas no momento oportuno.

(63) SÜSSEKIND *et al. Op. cit.*, p. 145. Além disso, afirma ainda Américo Plá Rodriguez, em sua obra *Los princípios de derecho del trabajo*. Montevidéu, 1975. p. 234, apud SÜSSEKIND *et al. Idem*, nota número 13, que "isto significa que, em matéria trabalhista, importa o que ocorre na prática mais do que o que as partes pactuaram, em forma mais ou menos solene ou expressa, ou o que se insere em documentos, formulários e instrumentos de contrato".

(64) NASCIMENTO, Amauri Mascaro. *Op. cit.*, p. 462 e ss.

(65) SÜSSEKIND *et al. Op. cit.*, p. 252-255.

(66) *Ibidem*, p. 253.

a invalidade parcial de um negócio jurídico não o prejudicará na parte válida, se esta for separável; a invalidade da obrigação principal implica a das obrigações acessórias, mas a destas não induz a da obrigação principal", ou seja, quando se tratar de nulidade de parte não essencial/substancial do contrato, conforme exemplo de *Arnaldo Süssekind* "quando a cláusula desrespeita o conteúdo mínimo necessário do contrato, decorrente da lei, do instrumento normativo autocomposto ou da sentença normativa, dá-se sua automática substituição, na medida dessa regulamentação"[67], cujo fundamento encontra-se no art. 9º da CLT.

A nulidade absoluta é aquela que atinge elemento substancial do contrato, ou seja, atinge o próprio contrato, "é uma sanção com a qual o ordenamento jurídico atinge, no interesse público, os contratos que chocam com as exigências de caráter geral e ordem pública [...]"[68]. Com relação aos efeitos da declaração de nulidade no direito civil e no direito do trabalho, estes são distintos. No direito civil, por conta dos princípios basilares (preconizados nos arts. 168 a 170 do CC, dentre outros), esta nulidade "produziria a dissolução *ex tunc* da relação [...] retroage ao instante mesmo de sua formação [...]. Como consequência, as partes se devem restituir tudo o que receberam, devem voltar ao *status quo ante*, como se nunca tivessem contratado"[69]. Já no âmbito do Direito do Trabalho, por ser o contrato de trabalho um contrato sucessivo, os "efeitos, uma vez produzidos, não podem desaparecer retroativamente"[70]; de acordo com *Amauri Mascaro Nascimento*, "a teoria civil da invalidade deve sofrer adaptações [...], em razão de diversos aspectos dentre os quais: a) *o princípio da conservação do contrato de trabalho*; b) *a impossibilidade de restituição das partes no* status quo ante; c) *facilitação do enriquecimento ilícito*"[71].

No direito do trabalho a nulidade absoluta, ou simplesmente nulidade, é guiada por três princípios: o da irretroatividade das nulidades, ou seja, a declaração é *ex tunc* (retroage), porém na prática os efeitos são convalidados, geram efeitos trabalhistas; o do não enriquecimento ilícito, uma vez que o empregador se beneficiou do trabalho já prestado pelo empregado, portanto caso ele não tenha pago o empregado, ou pagou a menor, "o salário há de ser devido"[72]; e o da impossibilidade de restituição das partes ao *status quo ante*, visto que a força física se exaure no tempo, não tem como devolvê-la ao empregado, "[...] sendo, por natureza, infungível, não pode ser 'restituída' [...]"[73], da mesma forma o salário pago. Dessa maneira, com a declaração de nulidade, "o empregador não pode 'devolver' ao empregado

---

(67) *Idem*.
(68) NASCIMENTO, Amauri Mascaro. *Op. cit.*, p. 462.
(69) SÜSSEKIND *et al. Op. cit.*, p. 253.
(70) *Idem*.
(71) NASCIMENTO, Amauri Mascaro. *Op. cit.*, p. 463.
(72) SÜSSEKIND *et al. Op. cit.*, p. 253.
(73) *Idem*.

a prestação de trabalho que este executou [...] [e] os salários, que já foram pagos, não devem ser restituídos, [...] [pois correspondem] à contraprestação de uma prestação definitivamente realizada"[74].

Assim, pode-se dizer que a nulidade declarada, em direito do trabalho, retroage à data da contratação, porém haverá a convalidação dos *efeitos do nulo*, pois, "[...] não há que se falar, no direito do trabalho, em contrato de trabalho existente sem nenhum efeito por ser a proteção do trabalho matéria de ordem pública"[75].

Ademais, cumpre destacar também que o contrato de trabalho pode, genericamente, ser nulo em decorrência: 1) de ser o trabalho proibido, ou seja, "[...] por motivos vários, a lei impede que seja exercido por determinadas pessoas ou em determinadas circunstâncias, sem que essa proibição decorra da moral ou dos bons costumes"[76] e, neste caso, pode o trabalhador reclamar os direitos trabalhistas correspondentes pelo serviço prestado, por mais que seja nulo o contrato, com base nos princípios acima expostos; como exemplo de contrato proibido pode-se citar aquele em que há contratação de incapaz como empregado, se este não oculta sua incapacidade, ele terá todos os direitos que a lei assegura a quem presta trabalho subordinado e em função do tempo de serviço, gerando os efeitos do nulo[77]; 2) de ilicitude do objeto, que é quando o ordenamento jurídico veda a prática do ato por qualquer pessoa por ser crime a sua prática; neste caso não haverá reconhecimento do vínculo, portanto, o empregado não terá direito a contraprestação; porém, *Arnaldo Süssekind* afirma que "se a nulidade [...] decorre do objeto do contrato, a menos que o empregado tenha agido de boa-fé, ignorando o fim a que se destinava a prestação de trabalho, já não poderá reclamar o pagamento do serviço prestado [...]"[78], portanto, para esse autor, quando o empregado desconhecer/ignorar o fim a que se destinava a sua prestação ele terá direito de pleitear o vínculo; 3) de irregularidade formal, nos casos em que a lei prevê determinada forma para contratação e as partes não a observam; reconhecem-se alguns direitos ao trabalhador a fim de não permitir o enriquecimento ilícito[79].

1.3. CONSIDERAÇÕES SOBRE A REGULAMENTAÇÃO DO TRABALHO DA CRIANÇA E DO ADOLESCENTE NO BRASIL

Em 10 de outubro de 1979, a Lei n. 6.697 revogou o Decreto n. 17.943-A, de 12 de outubro de 1927, e instituiu, em seu art. 83, que a proteção ao trabalho do menor seria regulamentada por legislação especial, qual seja a CLT, arts. 402 a 441[80].

---

(74) *Idem*.

(75) NASCIMENTO, Amauri Mascaro. *Op. cit.*, p. 469.

(76) SÜSSEKIND *et al. Op. cit.*, p. 254.

(77) *Ibidem*, p. 254-255. Esse é o mesmo entendimento de MARANHÃO, Délio. *Op. cit.*, p. 46-47.

(78) SÜSSEKIND *et al. Op. cit.*, p. 254.

(79) Há divergências na doutrina quanto a isso, porém, não cabe aqui discuti-las.

(80) MINHARRO, Erotilde Ribeiro dos Santos. *A criança e o adolescente no direito do trabalho*. São Paulo: LTr, 2003. p. 27; STEPHAN, Cláudia Coutinho.*Trabalhador adolescente*: em face das alterações da Emenda Constitucional n. 20/1998. São Paulo: LTr, 2002. p. 20.

A CF, pós-ditadura militar, restabeleceu, em seu art. 7º, inciso XXX, a proibição de distinção salarial, de exercício de funções e de critério de admissão em razão de sexo, idade, cor ou estado civil. No inciso XXXIII proibiu o trabalho noturno, perigoso ou insalubre aos menores de dezoito anos e vedou qualquer trabalho aos menores de quatorze anos, salvo na condição de aprendiz, a partir de doze anos. Este dispositivo foi alterado pela EC n. 20, de 15 de dezembro de 1998, a qual instituiu a seguinte redação ao inciso XXXIII: "proibição de trabalho noturno, perigoso ou insalubre aos menores de dezoito e de qualquer trabalho a menores de dezesseis anos, salvo na condição de aprendiz, a partir de quatorze anos". Portanto, todas as disposições infraconstitucionais anteriores à EC n. 20/1998 que dispõem outro patamar etário para a admissão no mercado de trabalho encontram-se derrogadas. A fim de compatibilizar os dispositivos da CLT confrontantes com a EC n. 20/1998, editou-se a Lei n. 10.097, de 19 de dezembro de 2000[81].

A CF, em seu art. 227, estabelece como dever da família, da sociedade e do Estado assegurar à criança e ao adolescente o direito à vida, à saúde, à alimentação, à educação, ao lazer, à profissionalização, à cultura, à dignidade, ao respeito, à liberdade e à convivência familiar e comunitária, além de protegê-los contra toda a forma de negligência, discriminação, exploração, violência, crueldade e opressão. O § 3º deste artigo preceitua que a proteção especial à criança e ao adolescente abrangerá, dentre outros aspectos, a idade mínima de ingresso no mercado de trabalho, a garantia de direitos previdenciários e trabalhistas e a garantia de acesso do trabalhador adolescente à escola. O § 4º prevê que a lei punirá severamente o abuso, a violência e a exploração sexual da criança e do adolescente. O art. 208 fixa como dever do Estado garantir o ensino fundamental obrigatório e gratuito. O art. 214 prevê que a lei estabelecerá metas nacionais de educação, com o objetivo de erradicar o analfabetismo, universalizar o atendimento escolar, melhorar a qualidade de ensino, dar formação para o trabalho e promover o país na esfera humanística, científica e tecnológica[82].

Corroborando com esse contexto, em 1990 foi editada a Lei n. 8.069, Estatuto da Criança e do Adolescente (ECA), que revogou o Código de Menores.

---

(81) Esta Lei alterou os arts. 402 (fixando, para efeitos trabalhistas, que menor é o trabalhador de quatorze a dezoito anos), 403 (preceituando ser proibido o trabalho a menores de dezesseis anos, salvo na condição de aprendiz), o seu parágrafo único (institui que o menor não poderá desempenhar nenhuma atividade laborativa em locais que prejudiquem sua formação física, psíquica, moral, social e em horários e locais que impeçam sua frequência à escola), 428 a 433; acrescentou os §§ 1º a 4º ao art. 428, §§ 1º-A e 1º ao art. 429, §§ 1º a 3º ao art. 430, e incisos I a IV e § 2º ao art. 433; revogou o art. 80 (que previa salário inferior ao mínimo para os aprendizes), as alíneas *a* e *b* do parágrafo único do art. 403, o § 1º do art. 405, as alíneas *a* a *c* do art. 431, o § 2º do art. 432, as alíneas *a* e *b* e parágrafo único do art. 433 e os arts. 436 e 437, todos da CLT. MINHARRO, Erotilde Ribeiro dos Santos. *Op. cit.*, p. 27-28; SÜSSEKIND *et al. Op. cit.*, p. 1014-1017.

(82) Para tanto, editou-se a Lei n. 9.394, de 20 de dezembro de 1996 — Lei de Diretrizes e Bases da Educação. MINHARRO, Erotilde Ribeiro dos Santos. *Op. cit.*, p. 27-28.

Prevê o ECA em seu art. 2º o conceito de criança, sendo esta a pessoa cuja idade não seja superior a doze anos e adolescente aquele com idade entre doze e dezoito anos. O art. 5º ainda diz que tanto a criança quanto o adolescente não podem ser objeto de exploração por qualquer forma, especialmente no trabalho. Com base nisso, considera-se como adolescente empregado todo aquele com mais de dezesseis anos e menos de dezoito, regido por contrato de trabalho nos termos do inciso XXXIII, do art. 7º da CF/1988, com a redação dada pela EC n. 20/1998[83]. Além disso, este diploma legal também institui inúmeras outras proteções às crianças e aos adolescentes com relação ao trabalho em seus arts. 60 e seguintes, inseridos no Capítulo V (Do direito à profissionalização e à proteção no trabalho) do Título II (Dos Direitos Fundamentais). De acordo com *Nilson de Oliveira Nascimento* este Estatuto "[...] adota o princípio da doutrina da proteção integral, que tem como fundamento a promoção do pleno desenvolvimento físico e mental dos menores, conferindo-lhes direitos civis, políticos, econômicos, sociais e culturais [...] rompendo com toda a sistemática até então tradicionalmente adotada [quanto aos menores]"[84].

Com relação às Convenções e Recomendações Internacionais, cumpre observar que o Brasil, embora membro fundador da Organização Internacional do Trabalho (OIT), somente a partir de 1930, com a evolução da legislação trabalhista, é que passou a ratificar de maneira mais efetiva essas Convenções a fim de adequar a política interna de proteção ao trabalhador menor às políticas internacionais.

Antes de tratar sobre as Convenções Internacionais ratificadas pelo Brasil, mister explicar como as normas internacionais passam a fazer parte da legislação nacional. De acordo com o art. 84, inciso VIII, e inciso I do art. 49 da CF, cabe ao Presidente da República (ou seu Representante) celebrar tratados, convenções e atos internacionais, os quais deverão passar pela ratificação (aprovação) do Congresso Nacional para poder produzir efeitos na ordem interna, como lei ordinária ou como emenda constitucional (se tratar de direitos humanos e observar os requisitos do § 3º, do art. 5º, da CF).

As Convenções da OIT já ratificadas pelo Brasil, sobre a melhoria de condições de vida e de trabalho do menor são[85]: Convenção n. 5, de 1919, ratificada pelo Decreto n. 423/1935, revista pela Convenção n. 59, de 1937; Convenção n. 6, de 1919, também ratificada pelo Decreto n. 423/1935; Convenção n. 7, de 1920 (revisada pela de n. 58, de 1937), ratificada pelo Decreto n. 1.397/1937; Convenção n. 10, de 1921, ratificada pelo Decreto n. 1.398/1937; Convenção n. 16, de

---

(83) SÜSSEKIND *et al. Op. cit.*, p. 1017.

(84) NASCIMENTO, Nilson de Oliveira. *Manual do trabalho do menor.* São Paulo: LTr, 2003. p. 65-66.

(85) *Ibidem*, p. 44-45; STEPHAN, Cláudia Coutinho. *Op. cit.*, p. 26-42; SÜSSEKIND *et al. Op. cit.*, p. 1.025-1.027.

1921, também ratificada pelo Decreto n. 1.398/1937; Convenção n. 52, de 1936, ratificada pelo Decreto n. 3.232/1938; Convenção n. 117, de 1962, ratificada pelo Decreto n. 66.496/1970; Convenção n. 124, de 1965, ratificada pelo Decreto n. 67.342/1970; Convenção n. 136, de 1971, ratificada pelo Decreto n. 1.253/1995; Convenção n. 138, de 1973, ratificada pelo Decreto n. 4.134/2002; Convenção n. 182, de 1999, ratificada pelo Decreto n. 3.597/2000 e regulamentada pelo Decreto n. 6.481/2008, acerca da proibição das piores formas de trabalho infantil — aprovando a Lista das Piores Formas de Trabalho Infantil (TIP).

Porém, mesmo diante de toda essa legislação tendente a tutelar as crianças e os adolescentes, proibindo qualquer forma de trabalho aos menores de dezesseis anos, salvo na condição de aprendiz a partir dos quatorze anos, e as demais nos termos dos diplomas legais acima mencionados, o Brasil é palco de muitas atuações contrárias a tudo isso, pois as crianças e os adolescentes vêm sendo negligenciados, seus direitos são constantemente violados, o que pode causar graves prejuízos e transtornos ao seu desenvolvimento físico e psicológico, visto que este precisa de determinadas garantias para que seja pleno, normal e saudável.

2

DO CONCEITO DE MANIFESTAÇÃO ARTÍSTICA E DA ATIVIDADE DE MODELO/MANEQUIM

De acordo com o *Dicionário Houaiss*[86], arte é a "produção de algo belo ou extraordinário". Já na definição do *Dicionário Contemporâneo da Língua Portuguesa*[87], arte é "atividade criadora do espírito humano, sem objetivo prático, que busca representar as experiências coletivas ou individuais, e exprimir o indizível pelo sensível [...]".

Levando-se em conta a divisão apresentada pela *Enciclopédia Barsa*[88], as artes tinham três classificações, de acordo com o objetivo que tivessem: "as Belas-Artes buscavam o belo, as Artes de Conduta o bom e as Artes Liberais o útil. [Porém] no sentido mais moderno, mais restrito, o termo arte só abrange as atividades humanas que se voltam para o estético, isto é, para as Belas-Artes". Outra classificação apresentada nesta mesma obra é *artes estáticas* e *artes dinâmicas*. A primeira compreende a "arquitetura, escultura e pintura, com suas subdivisões" enquanto que a arte dinâmica é manifestada por meio "da música, da poesia e do teatro".

No artigo "Cultura, Sociedade e Manifestação Artística"[89], de Myriam *da Costa Hoss Rabaçal*, para quem "a palavra arte está intimamente ligada à cultura, à etnia, à história, à cidadania e, principalmente, ao inconsciente coletivo de uma determinada camada social [...]", sendo a obra de arte o "produto das vivências de seu autor, isto é, denota a socialização a que este ficou e está subordinado. São

---

(86) HOUAISS, Antônio; VILLAR, Mauro de Salles. *Minidicionário Houaiss da língua portuguesa*. Rio de Janeiro: Objetiva, 2001. p. 39.

(87) GARCIA, Hamílcar de. *Dicionário contemporâneo da língua portuguesa*: Caldas Aulete. 2. ed. Rio de Janeiro: Delta, 1970. v. 1. p. 356-357.

(88) BENTON, William (Edit.). *Enciclopédia Barsa*. Rio de Janeiro, São Paulo: Encyclopaedia Britannica Editores LTDA, 1967. v. 2. p. 196-197.

(89) RABAÇAL, Miriam da Costa Hoss. Cultura, sociedade e manifestação artística. *Revista Álvares Penteado*. São Paulo: FECAP — Fundação Escola de Comércio Álvares Penteado, v. 4, n. 9, p. 107-117, ago./2002.

todas as suas experiências de vida, amalgamadas por meio da organização da estrutura social de que participa [...]". Diferentemente da classificação apresentada pela *Enciclopédia Barsa*, a autora traz que "modernamente distinguem-se dois tipos de artes: artes utilitárias e belas-artes. As artes utilitárias podem ser: liberais, onde predomina o esforço intelectual; e, mecânicas, onde predomina o esforço manual ou físico. As belas-artes abrangem as atividades humanas que se preocupam com o estético e buscam o belo como realização primeira".

Esta mesma autora ainda traz a classificação tradicional da arte, qual seja, artes plásticas e artes rítmicas. "As artes plásticas caracterizam-se pela 'utilização de materiais para produzir formas tridimensionais, isto é, o entalhe, o baixo e alto relevo e a escultura', por exemplo"[90], que se subdividem em: Arquitetura, Escultura, Pintura. "As artes rítmicas caracterizam-se pela mobilidade, pois sua vida está no movimento. Podem ser percebidas pelo ouvido ou pela vista"[91], e subdividem-se em: Literatura, Acústica, Cinética (abrange o teatro e o cinema), Orquística (envolve coreografia e dança, gesto e movimentos harmoniosos do corpo).

Mais adiante, defende que a arte pode ser caracterizada "como criação concebida por homens possuidores de dom, inspiração que lhes são singularmente individuais", que o artista "não reproduz, nem imita a natureza, mas ele a cria de novo. Ele é uma pessoa sensibilizada, uma pessoa aberta à experiência, que vê o mundo, o reestrutura, e o repensa, despertando nos outros sentimentos estéticos, e consegue isto, porque é capaz de desenvolver transcendências", que a criação artística "é sobretudo emoção, é um meio precípuo de exteriorização psíquica, que exerce atuação sobre os outros"[92], e que a obra de arte tem como "essência [...] a própria vida, feita de momentos e elementos [...] esquematizados da seguinte maneira: momentos: — criação, — expressão, — comunicação, e — reação; e elementos: — artista, — obra, — público, e — crítica"[93].

Desta forma, podemos dizer que "o artista só pode criar quando, de alguma maneira, se encontra possuído do entusiasmo e da fé coletiva. Não há criação individual sem um prévio preparo social e popular. [...] as artes [...] só são possíveis e só vivem através das representações coletivas"[94]. Para *Roger Bastide* é somente "no trabalho criador e livre que realizamos a beleza"[95]. Assim, a arte, objeto de estudo da estética[96], é a expressão do belo, e como "o sentimento do belo necessita de certa alegria, da livre expansão de uma atividade criadora [que é a atividade

---

(90) HERSKOVITS *apud* RABAÇAL, *Ibidem*, p. 109.

(91) *Ibidem*, p. 110.

(92) *Ibidem*, p. 110-111.

(93) *Ibidem*, p. 114.

(94) BASTIDE, Roger. *Arte e sociedade*. Traduzido por Gilda de Mello e Souza. 2. ed. rev. e ampl. São Paulo: Companhia Editora Nacional, Editora da Universidade de São Paulo, 1971. p. 13.

(95) *Ibidem*, p. 14

(96) BENTON, William (Edit.). *Enciclopédia Barsa*. v. 6. Rio de Janeiro, São Paulo: Encyclopaedia Britannica Editores LTDA, 1967. p. 33. Tem origem grega e significaria, etimologicamente, "teoria sobre a natureza da percepção sensível", porém, tal conceito veio se delimitando, passando a referir-se ao "estudo do belo e da arte em geral".

artística], não tem necessidade de esforço mas de prazer. Assim, não poderia sair do trabalho, que é penoso, está submetido à tirania das necessidades urgentes e pode mesmo dar origem ao sofrimento e não ao prazer"[97].

Porém, cumpre observar que "o artista deve viver como todo o mundo, e que ele vive de sua arte", ou seja, ele também precisa sobreviver, e o meio que ele utiliza para conseguir o necessário para isso é por meio de sua arte; como afirma *Roger Bastide*[98], o artista "precisa, portanto, agradar àqueles que lhe podem fornecer o dinheiro necessário à sua existência". Este autor ainda faz um breve histórico da situação financeira dos artistas dizendo que "no início o artista foi um escravo ou artesão, com salário igual ao dos artesãos de outros ofícios. Portanto, só podia melhorar sua condição social pondo-se a serviço de um rico mecenas, rei, [...] senhor, [...] negociante enriquecido [...]", e, com isso, a arte passou a ser uma arte aristocrática ou arte de grande burguesia[99]. Hoje, porém, "a situação piorou, pois o que o artista fornece é apenas a mão de obra", sendo ainda necessário todos os "insumos" para a criação da arte, e "os capitalistas só auxiliarão com seu dinheiro aqueles que os fizerem lucrar mais, agradando ao público mais vasto"[100], e como consequência o que se nota é o "abaixamento do nível da produção estética"[101].

De maneira objetiva, pode-se dizer que a arte é "uma criação humana com valores estéticos (beleza, harmonia, revolta) que sintetizam as suas emoções, sua história, seus sentimentos e a sua cultura [...] e se apresenta sob variadas formas como: a plástica, a música, a escultura, o cinema, o teatro, a dança, a arquitetura etc."[102]. Ou seja, "a atividade artística supõe criação, envolvendo sensações ou estados de espírito de caráter estético, carregados de vivência pessoal e profunda[103]: é a criação de coisas belas"[104]. E, por consequência, manifestação artística pode

---

(97) BASTIDE, Roger. *Op. cit.*, p. 38.

(98) *Ibidem*, p. 74.

(99) *Ibidem*, p. 74-75.

(100) O que o autor está querendo dizer é que por mais que o artista afirme que a sua criação foi feita para si, para seu prazer, ele (artista) está sempre pensando no público, "e se trabalha é em vista de certas sanções que são sanções sociais: glória ou popularidade, desejo de alcançar uma elite ou de se tornar imortal". *Ibidem*, p. 74. E mais, de acordo com este autor, a produção artística (estética) varia de acordo com a predominância de determinados grupos sociais, ou seja, a produção artística seguirá conforme a classe social que está predominando na época (p. 98-99). Isto quer dizer que a arte, além de ser expressão do contexto social, da época, é também influenciada pelos grupos sociais, funcionando, também, como meio de distinção (p. 100).

(101) *Ibidem*, p. 75.

(102) MARTINS, Simone R.; IMBROISI, Margaret H. *Introdução à arte*. Disponível em: <http://www.historiadaarte.com.br/introducao.htm>. Acesso em: 15 set. 2008.

(103) *Vide* também, neste mesmo sentido, ECO, Umberto. *A definição da arte*. Tradução de José Mendes Ferreira. Portugal, Lisboa: Edições 70, [1968 ou 1972]. p. 30. (Arte e Comunicação, 13).

(104) MATERIAL de artes. Disponível em: <http://scholar.google.com.br/scholar?hl=pt-BR&lr=lang_pt&q=cache:zXvUMhr_OGUJ:www.cssg.g12.br/arqtemporarios/MaterialdeArtes.doc+manifesta%C3%A7%C3%A3o+art%C3%ADstica>. Acesso em: 15 set. 2008.

ser entendida como "fenômeno ou estado original que se desvela no ato criador e registra o momento do acontecimento na Arte [...]"[105].

Portanto, arte é o resultado de uma atividade intelectiva, espontânea, emocional, inventiva, criadora, mediante a qual o artista (criador) expressa todo o seu contexto histórico-cultural, seu estado de espírito, sua vivência.

2.1. CONSIDERAÇÕES SOBRE O TRABALHO DO ARTISTA

Na legislação brasileira, o trabalho do artista pode ser de maneira autônoma ou subordinada, e, de acordo com *Alice Monteiro de Barros*, "[a forma subordinada] se verifica quando ele [o artista] está sujeito ao poder diretivo do empregador, o que se exterioriza pela faculdade conferida a este último de determinar a função, o tempo, o modo e o local da prestação de serviços"[106].

Os artistas empregados são regulamentados pela Lei n. 6.533, de 24 de maio de 1978, que dispõe sobre a regulamentação das profissões de Artistas e de Técnico em Espetáculos de Diversões[107], que define, em seu art. 2º, I, artista como sendo: "o profissional que cria, interpreta ou executa obra de caráter cultural de qualquer natureza, para efeito de exibição ou divulgação pública, através de meios de comunicação de massa ou em locais onde se realizam espetáculos de diversão pública [...]". Já a Lei n. 9.610/1998, que dispõe sobre direitos autorais, em seu art. 5º, XIII, define: "artistas intérpretes ou executantes — todos os atores, cantores, músicos, bailarinos ou outras pessoas que representem um papel, cantem, recitem, declamem, interpretem ou executem em qualquer forma obras literárias ou artísticas ou expressões do folclore".

Assim como nos demais contratos de trabalho há a característica de ser *intuitu personae* em relação ao empregado, mas no contrato do artista essa característica adquire uma importância muito maior, "exatamente porque sua prestação de serviços [...] manifesta-se por meio de valores intrínsecos como a criação e interpretação"[108], sendo que esta liberdade de criação é assegurada por lei, conforme art. 24 da Lei n. 6.533/1978.

Para que o artista possa trabalhar, nos termos do art. 6º da Lei n. 6.533/1978, é necessário obter um registro na Delegacia Regional do Trabalho do Ministério do Trabalho, denominado usualmente de "DRT", que terá validade em todo o território nacional. Esse registro pode ser definitivo, ou provisório, conforme dispõe o art. 8º da Lei n. 6.533/1978, sendo que este último terá o prazo de validade de um ano.

---

(105) CONCEPÇÃO da disciplina de educação artística. Departamento de ensino fundamental. Diretrizes curriculares para o ensino fundamental. Educação artística. Disponível em: <http://www.seed.pr.gov.br/portals/portal/diretrizes/dir_ef_educart.pdf>. Acesso em: 15 set. 2008.

(106) BARROS, Alice Monteiro de. *Contratos e regulamentações especiais de trabalho*: peculiaridades, aspectos controvertidos e tendências. 3. ed. São Paulo: LTr, 2008. p. 80.

(107) *Idem*.

(108) *Ibidem*, p. 81.

De acordo com essa Lei, é considerado empregador "quaisquer pessoas físicas ou jurídicas que tiverem a seu serviço os profissionais utilizados na realização de espetáculos, programas, produções ou mensagens publicitárias, aos quais são pagos salários e dirigida a prestação de serviços. [E, nos termos do art. 3º,] Equiparam-se a empregador as agências de colocação de mão de obra [...]"[109].

Com relação à natureza jurídica do contrato do artista, *Alice Monteiro de Barros* relata algumas teorias que surgiram na doutrina discutindo sobre isso, dentre elas a teoria "do mandato, a do contrato inominado, a do contrato de sociedade, a do trabalho autônomo e a do contrato de trabalho"[110]. Sendo que será a de contrato de trabalho (portanto, relação de emprego) quando estiver presente a subordinação jurídica, na qual "o artista se submete, em muitas situações, a um rígido sistema disciplinar, colaborando com a atividade empresarial"[111]. E, em sendo uma relação de emprego, por ter características especiais, quais sejam:

> O produto do seu trabalho é uma criação que, de certo modo, lhe pertence; [...] o artista possui determinados direitos sobre seu trabalho, sejam morais, exclusivos, compreendendo aqui a faculdade de autorizar a reprodução, tradução ou radiodifusão e, ainda, direitos pecuniários. [...] O artista distingue-se, ainda, dos demais trabalhadores porque, por meio de sua obra, comunica-se com o público. Em consequência, surgem novos fatores no exercício de sua profissão, como o risco da censura e as pressões provenientes do fato de se encontrar muito exposto a elogios ou a críticas, nos meios de comunicação. Logo, o êxito ou o fracasso de cada atuação repercutirá, sem dúvida, nas suas perspectivas de emprego [...][112].

Devido a isso, a relação de emprego do artista integra, para esta autora, as relações especiais de trabalho[113].

O contrato de trabalho do artista será solene, seguindo a padronização prevista na Lei n. 6.533/1978, em seus arts. 9º e 10. Poderá prever, também, cláusula de exclusividade (art. 11).

No tocante à jornada de trabalho, a Lei n. 6.533/1978, em seu art. 21, estabelece os limites da jornada normal de trabalho, de acordo com os setores e as atividades a serem desempenhadas:

I — Radiodifusão, fotografia e gravação: 6 (seis) horas diárias, com limitação de 30 (trinta) horas semanais;

---

(109) *Ibidem*, p. 82-83.
(110) *Ibidem*, p. 88-89.
(111) *Ibidem*, p. 89.
(112) *Ibidem*, p. 90.
(113) *Idem*.

II — Cinema, inclusive publicitário, quando em estúdio: 6 (seis) horas diárias;

III — Teatro: a partir de estreia do espetáculo terá a duração das sessões, com 8 (oito) sessões semanais;

IV — Circo e variedades: 6 (seis) horas diárias, com limitação de 36 (trinta e seis) horas semanais;

V — Dublagem: 6 (seis) horas diárias, com limitação de 40 (quarenta) horas semanais.

O que ultrapassar dessa jornada será considerado como extraordinário, devendo ser aplicado o disposto nos arts. 59 a 61 da CLT, que tratam das horas extraordinárias de trabalho, nos termos do § 1º do art. 21, da Lei n. 6.533/1978. E mais, de acordo com esta lei,

> considera-se como de trabalho efetivo não só o período em que o artista permanece executando as atividades, mas também o tempo em que estiver à disposição do empregador, a contar de sua apresentação no local de trabalho, ainda que ele não se realize, por motivo alheio à vontade do artista, como também o período destinado a ensaios, gravações, dublagem, fotografias, caracterização, e todo aquele que exija a presença do artista [...] (art. 18 e 21, § 4º, da Lei n. 6.533)[114].

Ou seja, computa-se na jornada do artista todo o período em que estiver à disposição do empregador para a realização do trabalho, mesmo que este não se realize.

Havendo contratação do profissional por meio de agências de locação de mão de obra, em caso de inadimplemento contratual ou legal dará ensejo à "obrigação solidária do tomador do serviço [...], se caracterizada a tentativa de utilização da referida agência, para fugir das responsabilidades e obrigações provenientes da lei ou do contrato (art. 17 da Lei n. 6.533 de 1978)"[115].

A Lei n. 6.533/1978 ainda prevê outras particularidades no contrato de trabalho do artista, porém, nada diz quanto à limitação da idade para o desempenho desta atividade, o que torna necessário um estudo mais cuidadoso do assunto, conforme tópico a seguir.

2.1.1. Do limite de idade para desempenho de atividade artística

Conforme já exposto anteriormente, na CF em seu art. 7º, inciso XXXIII, e demais textos legais, o trabalho é proibido aos menores de 16 (dezesseis) anos de idade[116], salvo na condição de aprendiz, a partir de 14 (quatorze) anos; e mais,

---

(114) Ibidem, p. 92.

(115) Ibidem, p. 83.

(116) Por isso, a redação do art. 60 do ECA, segundo a qual "É proibido qualquer trabalho a menores de quatorze anos de idade, salvo na condição de aprendiz", deve ser adequada à CF, no tocante ao limite de idade para o trabalho, qual seja 16 (dezesseis) anos.

aos adolescentes de 16 (dezesseis) anos é proibida a realização de trabalhos em atividades insalubres, perigosas ou penosas, o trabalho noturno, os trabalhos que envolvam cargas pesadas e jornadas longas.

Tal proibição encontra-se assentada na concepção de que por ser o trabalho um dever, as crianças e os adolescentes têm direito inalienável ao convívio familiar, ao lazer e à educação. Portanto, para assumi-lo é preciso que a pessoa atinja uma idade mínima, na qual já terá se desenvolvido física e psicologicamente, o que para a CF ocorre aos 16 (dezesseis) anos de idade.

Porém, com relação à atividade artística, que por ser vista como criação humana, na qual "o homem obedece a um impulso natural, espontâneo, a um dom que lhe é concedido pela natureza [...] mediante a combinação de atributos como vontade, razão, intuição, técnica, talento e sensibilidade"[117], ela deve ser permitida, e incentivada, entre as crianças e os adolescentes.

Com base nisso, alguns doutrinadores, por entenderem que "a atividade artística não compõe, em sua essência, o conceito de trabalho proibido pelo art. 7º, XXXIII, da Constituição [...]"[118], pode ela ser desempenhada por menores de 16 (dezesseis) anos de idade.

Para *Amauri Mascaro Nascimento*[119] "há situações eventuais em que a permissão para o trabalho do menor em nada o prejudica, como em alguns casos de trabalho artístico, contanto que acompanhado de devidos cuidados". Esse também é o entendimento de *Erotilde Ribeiro dos Santos Minharro*[120], para quem "não se pode impedir que os pequenos demonstrem seus dons criativos, impedindo-os de cantar, representar e dançar em público, compor, desfilar etc."; a autora sustenta ainda que é preciso alterar a CF para "acrescentar que não se sujeitam à limitação de idade as atividades artísticas, esportivas e afins".

Luiz Carlos Amorim Robortella e *Antonio Galvão Peres* defendem que "o trabalho artístico da criança sempre foi aceito pelas sociedades, podendo-se até afirmar que de nada valeria proibi-lo [...]"[121], e para justificar tal posicionamento citam, mais adiante, o entendimento da psicóloga *Renata Barreto Lacombe*:

> a própria criança [...] tem direito à expressão. Sua presença na televisão, por exemplo, se justifica por ela estar num processo de aprendizagem e se expressando artisticamente. [De acordo com a entrevista concedida pelo magistrado

---

(117) ROBORTELLA, Luiz Carlos Amorim; PERES, Antonio Galvão. Trabalho artístico da criança e do adolescente: valores constitucionais e normas de proteção. *Revista LTr*, São Paulo, v. 69, n. 02, p. 148-157, fev./2005, p. 148.

(118) *Ibidem*, p. 149.

(119) NASCIMENTO, Amauri Mascaro. *Curso de direito do trabalho:* história e teoria geral do direito — relação individuais e coletivos. 18. ed. rev. e atual. São Paulo: Saraiva, 2003. p. 846.

(120) MINHARRO, Erotilde Ribeiro dos Santos. *A criança e o adolescente no direito do trabalho*. São Paulo: LTr, 2003. p. 61, 62, 64.

(121) ROBORTELLA, Luiz Carlos Amorim; PERES, Antonio Galvão. *Op. cit.*, p. 149.

Siro Darlan] no momento em que ela [a criança] está numa atividade cultural, atividade artística, isto tem que ser estimulado e não impedido, sob pena de causar problemas psicológicos muito graves a essa criança. Não deve ser visto como trabalho, mas como uma manifestação artística[122].

E dizem ainda que a alteração do texto constitucional, como defende *Erotilde Ribeiro dos Santos Minharro*, "não se faz necessária porque este diploma, como norma-fonte, tem dimensão político-jurídica transcendental. Sua interpretação rege-se por normas especiais de hermenêutica, que iluminam e inspiram o ordenamento jurídico"[123]; por conta disso, com base em expressa disposição legal (arts. 5º, IX[124], e 208, V[125], da CF, cláusula pétrea de acordo com o art. 60, § 4º, IV, deste mesmo diploma legal), "a proibição de qualquer trabalho [artístico] ao menor de dezesseis anos, se tomada literalmente, inviabiliza a manifestação e expressão artísticas, que não se realizam sem a participação de crianças e adolescentes"[126].

Porém, asseveram *Luiz Carlos Amorim Robortella* e *Antonio Galvão Peres* que poderia haver um possível conflito de normas, pois o art. 7º, XXXIII, da CF, proíbe a prática de qualquer trabalho aos menores de dezesseis anos e, por conta disso, necessário aplicar o princípio da concordância prática, o qual "impõe a coordenação e combinação dos bens jurídicos em conflito de forma a evitar o sacrifício (total) de uns em relação aos outros"[127], assim, concluem que "o trabalho abaixo dos dezesseis anos em atividades artísticas, com o devido suprimento judicial, deve ser admitido quando essencial [...] mas com restrições para que não haja ofensa à integridade da criança ou do adolescente"[128].

No tocante à legislação ordinária, prevê o art. 406, I e II, da CLT que:

Art. 406 — O Juiz de Menores poderá autorizar ao menor o trabalho a que se referem as letras *a* e *b* do § 3º do art. 405[129]:

---

(122) LACOMBE, Renata Barreto. A infância dos bastidores e os bastidores da infância: uma experiência com crianças que trabalham em televisão. *Apud* ROBORTELLA, Luiz Carlos Amorim; PERES, Antonio Galvão. *Op. cit.*, p. 149-150.

(123) *Ibidem*, p. 150.

(124) "Art. 5º [...] IX — **é livre a expressão da atividade** intelectual, **artística**, científica e de comunicação, **independentemente de censura ou licença** [...]" — sem destaque no original.

(125) "Art. 208. O dever do Estado com a educação será efetivado mediante a garantia de: [...] V — **acesso aos níveis mais elevados** do ensino, da pesquisa e **da criação artística**, segundo a capacidade de cada um [...]" — sem destaque no original.

(126) ROBORTELLA, Luiz Carlos Amorim; PERES, Antonio Galvão. *Op. cit.*, p. 150.

(127) CANOTILHO, José Joaquim Gomes. *Direito constitucional e teoria da Constituição*. Coimbra: Almedina, 2000. p. 1188. *Apud* ROBORTELLA, Luiz Carlos Amorim; PERES, Antonio Galvão. *Op. cit.*, p. 151.

(128) *Idem*.

(129) "Art. 405 — [...] § 3º [...]: a) prestado de qualquer modo, em teatros de revista, cinemas, boates, cassinos, cabarés, *dancings* e estabelecimentos análogos; b) em empresas circenses, em funções de acróbata, saltimbanco, ginasta e outras semelhantes [...]" — conforme redação dada pelo Decreto-lei n. 229/1967.

I — desde que a representação tenha fim educativo ou a peça de que participe não possa ser prejudicial à sua formação moral;

II — desde que se certifique ser a ocupação do menor indispensável à própria subsistência ou à de seus pais, avós ou irmãos e não advir nenhum prejuízo à sua formação moral.

E mais, o art. 149, II, e §§ 1º e 2º do ECA, neste mesmo sentido, dispõe que:

Art. 149. Compete à autoridade judiciária[130] disciplinar, através de portaria, ou autorizar, mediante alvará:

[...]

II — a participação de criança e adolescente em:

a) espetáculos públicos e seus ensaios;

b) certames de beleza.

§ 1º Para os fins do disposto neste artigo, a autoridade judiciária levará em conta, dentre outros fatores:

a) os princípios desta Lei;

b) as peculiaridades locais;

c) a existência de instalações adequadas;

d) o tipo de frequência habitual ao local;

e) a adequação do ambiente a eventual participação ou frequência de crianças e adolescentes;

f) a natureza do espetáculo.

§ 2º As medidas adotadas na conformidade deste artigo deverão ser fundamentadas, caso a caso, vedadas as determinações de caráter geral.

Por fim, quanto à previsão legal ordinária, resta ainda citar que a Lei n. 6.533/1978, em seu art. 2º, I, conceitua o trabalho do artista, já citado acima, nada menciona acerca da limitação de idade para a realização desta atividade.

Desta forma, levando-se em conta todo o exposto anteriormente, no ordenamento jurídico brasileiro, embora não haja a previsão expressa permitindo a participação de crianças e adolescentes em atividades artísticas, e por mais que exista a discussão acerca do alcance da proibição imposta pelo art. 7º, XXXIII, da CF[131],

---

(130) Com relação à competência para disciplinar ou autorizar a participação de menores em evento artístico, esta será analisada no capítulo seguinte.

(131) Conforme expõe MINHARRO, Erotilde Ribeiro dos Santos. Op. cit., p. 62, "outros [doutrinadores] opinam que este tipo de trabalho [artístico] é tão árduo quanto os demais, e que, assim como todos os outros, roubam da criança o tempo necessário para estudar, brincar e desenvolver-se plenamente" e, por conta disso, também é alvo da proibição do art. 7º, XXXIII, da CF.

muitos doutrinadores entendem que estando preenchidos os requisitos legais[132], não se pode subtrair da criança e do adolescente esse tipo de atividade, sob pena de causar sérios problemas ao desenvolvimento deles[133].

No tocante à legislação internacional quanto à limitação de idade para o exercício de atividade artística, prevê a Convenção n. 138 da OIT, em seu art. 8º[134], que:

> Artigo 8º
>
> 1. A autoridade competente poderá conceder, mediante prévia consulta às organizações interessadas de empregadores e de trabalhadores, quando tais organizações existirem, por meio de permissões individuais, exceções à proibição de ser admitido ao emprego ou de trabalhar, que prevê o artigo 2º[135] da presente Convenção, no caso de finalidades tais como as de participar em representações artísticas.

Portanto, a OIT "deixa a critério dos países-membros a concessão ou não de licenças para que menores de 14 ou 15 anos atuem no meio artístico"[136]. E mais, a Diretiva n. 94/33/CE do Conselho da União Europeia, de 22 de julho de 1994, também ressalva expressamente que o limite de idade previsto para o ingresso no mercado de trabalho não se aplica, além da aprendizagem, às atividades artísticas e afins, conforme arts. 4º, 2, *a*, e 5º[137]:

> Artigo 4º
>
> Proibição do trabalho infantil
>
> [...]
>
> 2. Tendo em conta os objetivos referidos no artigo 1º, os Estados-membros podem, por via legislativa ou regulamentar, estabelecer que a proibição do trabalho infantil não se aplique:

---

(132) Além destes citados anteriormente, também devem ser observadas as disposições do CC quanto à incapacidade (arts. 3º a 5º) e quanto à representação (arts. 1.630, 1.634 e outros), que, de maneira geral, consideram como absolutamente incapazes os menores de dezesseis anos, relativamente incapazes os menores de dezoito e maiores de dezesseis anos de idade, que enquanto perdurar essa situação de incapacidade estarão sujeitos ao poder familiar, e que, portanto, competirá aos pais, dentre outras coisas, "representá-los, até aos dezesseis anos, nos atos da vida civil, e assisti-los, após essa idade, nos atos em que forem partes, suprindo-lhes o consentimento" (art. 1.634, V, do CC).

(133) E, a fim de fundamentar esse posicionamento, trazem várias jurisprudências com a mesma opinião. *Vide* ROBORTELLA, Luiz Carlos Amorim; PERES, Antonio Galvão. *Op. cit.*, p. 154-155.

(134) Convenção n. 138 da OIT disponível em: <http://www.oitbrasil.org.br/info/download/conv_138.pdf>. Acesso em: 17 set. 2008.

(135) "Artigo 2º — 1. Todo Membro, que ratifique a presente Convenção, deverá especificar, em uma declaração anexa à sua ratificação, a idade mínima de admissão ao emprego ou ao trabalho em seu território e nos meios de transporte registrados em seu território; à exceção do disposto nos artigos 4º e 8º da presente Convenção, nenhuma pessoa com idade menor à idade declarada deverá ser admitida ao emprego ou trabalhar em qualquer ocupação."

(136) MINHARRO, Erotilde Ribeiro dos Santos. *Op. cit.*, p. 62.

(137) Disponível em: <http://eur-lex.europa.eu/LexUriServ/LexUriServ.do?uri=CELEX:31994L0033:PT:HTML>. Acesso em: 17 set. 2008.

a) Às crianças que exerçam as atividades referidas no artigo 5º;

[...]

Artigo 5º

Atividades culturais ou similares

1. A contratação de crianças para participarem em atividades de natureza cultural, artística, desportiva ou publicitária está sujeita à obtenção de uma autorização prévia emitida pela autoridade competente para cada caso individual.

2. Os Estados-membros determinarão, por via legislativa ou regulamentar, as condições do trabalho infantil nos casos referidos no nº 1 e as regras do processo de autorização prévia, desde que essas atividades:

i) Não sejam suscetíveis de causar prejuízo à segurança, à saúde ou ao desenvolvimento das crianças e

ii) Não prejudiquem a sua assiduidade escolar, a sua participação em programas de orientação ou de formação profissional aprovados pela autoridade competente ou a sua capacidade para beneficiar da instrução ministrada.

3. Em derrogação ao processo previsto no nº 1 e no que se refere às crianças que tenham atingido a idade de 13 anos, os Estados-membros podem autorizar, por via legislativa ou regulamentar e nas condições por eles determinadas, a ocupação de crianças para participarem em actividades de natureza cultural, artística, desportiva ou publicitária.

4. Os Estados-membros que disponham de um sistema de aprovação específico para as agências de manequins no respeitante às actividades das crianças podem manter esse sistema.

Assim, percebe-se que, além da legislação ordinária brasileira, os organismos internacionais consagram as peculiaridades da manifestação artística e, por conta disso, permitem, em caráter excepcional, a participação de menores em tais atividades, ou seja, para fins de execução de atividade artística, não deve haver limitação de idade.

Regina Fiorezzi Chiesa e *Elio Oliveira Cruz*[138] defendem a prática de atividades artísticas em qualquer idade, principalmente na adolescência[139], sob o fundamento de que tais atividades (não só as artísticas, mas as físicas também) "ajudam a melhorar o estado psíquico, o humor e o nível de tolerância à dor, [...] também [contribuem] para diminuir o estresse", sendo possível, com isso, "restabelecer o funcionamento saudável [do organismo]". Afirmam ainda que "essas atividades [fazer artístico ou qualquer prática corporal] propiciam ao indivíduo entrar em

---

(138) CHIESA, Regina Fiorezzi; CRUZ, Elio Oliveira. A contribuição das atividades físicas e artísticas na relação adolescência e família. *Psicologia*: teoria e prática, São Paulo, v. 4, n. 2, p. 49-56, 2002. p. 54.

(139) Para eles, "segundo a Organização Mundial de Saúde, a adolescência é o período da vida que começa aos 10 e vai até os 19 anos, e, de acordo com o Estatuto da Criança e do Adolescente (Lei n. 8.069 de 13 de julho de 1990), começa aos 12 e vai até os 18 anos [...]". *Ibidem*, p. 51.

contato com as sensações, emoções e pensamentos [...] ajuda o indivíduo a se perceber melhor, ampliando a percepção de si e do mundo". Ademais, concluem que "a atividade física e a arte favorecem esse encontro criativo. Permitem poder sentir, expressar, refletir, criar, crescer e, assim, ser"[140].

Contrário a esse posicionamento encontram-se alguns doutrinadores, segundo os quais a atividade desempenhada pelos atores mirins é tão desgastante como qualquer outra e, por isso, deve ser proibida também.

Como exemplo, pode-se citar *Fernanda Maria Alves Gomes Aguiar*, para quem:

> A vedação constitucional decorre do consenso de que o trabalho prejudica o desenvolvimento da criança: atrapalha o desenvolvimento físico [...], pois a criança passa a ter preocupações, deixa de estudar, amadurece mais cedo, perde as alegrias da infância, as brincadeiras, a vida despreocupada. [...] No caso dos artistas mirins, a desculpa é que devem iniciar a carreira (cantor, modelo ou ator) o mais cedo possível. Contudo, é tão prejudicial quanto os demais casos, pois ficam obcecados com a aparência, com o reconhecimento, o estrelato e na maioria dos casos, quando não mais chamam a atenção, quando não são mais "úteis", percebem que perderam os melhores anos de suas vidas, deixaram de estudar e acabam depressivos[141].

Tem-se também o exemplo de *Candice Coelho Belfort Lustosa*, que em seu artigo defende haver "uma nítida relação de emprego entre o ator mirim e o empregador"[142], porém, relata ainda esta autora que devido ao *status* e *glamour* desse meio

> não se tem dado tanta atenção a atividade realizada pelos atores mirins, considerando, inclusive, não se tratar de um trabalho propriamente dito, e sim de uma participação em espetáculos públicos. Embora existam requisitos tendentes a proteger os direitos do menor nesse tipo de atividade, sabe-se que não suficientes para descaracterizar a presença de um contrato de trabalho. [...] o trabalho do ator mirim causa prejuízos ao seu desenvolvimento, uma vez que este tipo de atividade causa um amadurecimento precoce na criança, que passa a ter praticamente uma vida de adulto, com um alto nível de responsabilidades, preocupações e até mesmo *stress*[143].

---

(140) *Ibidem*, p. 55.

(141) AGUIAR, Fernanda Maria Alves Gomes. Artistas mirins. *Informativo Jurídico Consulex*, Brasília, v. 17, n. 30, p. 14, 28 jul. 2003.

(142) LUSTOSA, Candice Coelho Belfort. Trabalho do ator mirim: aspectos legais. *Revista Tribunal Regional do Trabalho da 6ª Região*, Recife, v. 16, n. 33, p. 199-217, jan./jun. 2005. p. 213.

(143) *Ibidem*, p. 216.

José Roberto Dantas Oliva também defende que "Mesmo quando se trata de um artista mirim, a sua atuação configurará trabalho no sentido *lato*, podendo ou não haver vínculo empregatício"[144].

Rachel Vita aponta, de acordo com Isa de Oliveira, secretária-executiva do Fórum Nacional de Prevenção e Erradicação do Trabalho Infantil (FNPETI), no sentido de que quando do desempenho da atividade artística:

> [...] as consequências são inevitáveis para os pequenos quando submetidos ao trabalho precoce, como é o caso da apresentadora mirim Maisa, do SBT[145], no programa Sábado Animado, que vai ao ar das 7 h às 12h44. Com cinco anos, ela disputa audiência com o programa da Xuxa, da Rede Globo. Maisa já virou alvo de debochos em paródias veiculadas no YouTube, *site* de vídeos na internet. "A criança passa a ser celebridade. Não pode ir mais livremente ao parquinho para brincar. Deixa de viver uma fase fundamental da vida" [...]. [E mais, afirma que] as atividades artísticas devem ser estimuladas, mas sem fins comerciais. As escolas, segundo ela, deveriam ser o espaço de incentivo à cultura, "local adequado para talentos serem descobertos na idade adequada". Especialistas lembram que os pais devem ter cuidado para não transferir responsabilidades. "Os adultos querem realizar seu sonho de enriquecer ou ficar famoso através dos filhos. Mas a criança e o adolescente têm o direito ao lazer, ao descanso, ao pleno desenvolvimento físico", alerta Isa[146].

Traz, também, conforme a psicanalista Ana Olmos, que no desempenho da atividade artística, "o maior risco para os pequenos é eles saírem da realidade. 'Isso não quer dizer que eles não possam trabalhar em um espetáculo. Mas a criança

---

(144) OLIVA, José Roberto Dantas. *Autorização para o trabalho infanto-juvenil artístico e nas ruas e praças*: parâmetros e competência exclusiva do Juiz do Trabalho. Disponível em: <www.anamatra.org.br/hotsite/conamat06/trab_cientificos/teses/tese_jose%20oliveira.doc>. Acesso em: 17 set. 2008.

(145) Quanto ao caso da apresentadora mirim do SBT, Maisa, somente depois de dois anos, quando ela completara 7 anos de idade, as autoridades tomaram providências a fim de cessar a afronta aos direitos das crianças previstos na CF e no ECA, pois "foi proibida pela Justiça de participar do quadro 'Pergunte para Maisa', no 'Programa Silvio Santos', do SBT, a partir deste domingo (24) [de maio/2009]. A juíza auxiliar de Osasco, Ana Helena Rodrigues Mellim, aceitou o pedido feito pela promotoria da Infância e da Juventude de Osasco, e cassou o alvará que permite que a garota trabalhe na TV nesta sexta-feira (22) [de maio de 2009]". Conforme: JUSTIÇA proíbe Maisa de gravar 'Programa Silvio Santos'. Disponível em: <http://www.abril.com.br/noticias/diversao/justica-proibe-maisa-gravar-programa-silvio-santos-472246.shtml>. Acesso em: 25 maio 2009. E o Ministério Público do Trabalho (MPT), por meio de seu procurador Orlando Schiavom Júnior, da Procuradoria do Trabalho no Município de Osasco/SP, ajuizou ação civil pública, por meio da qual "contesta o trabalho de Maisa da Silva Andrade, 7, alegando dano moral coletivo". Conforme: MP quer que SBT pague R$ 1 milhão por causa de Maisa. Disponível em: <http://www.abril.com.br/noticias/diversao/mp-quer-sbt-pague-r-1-milhao-causa-maisa-472898.shtml>. Acesso em: 26 maio 2009.

(146) VITA, Rachel. *Trabalho infantil*: a gente vê na TV. Disponível em: <http://www.promenino.org.br/Ferramentas/DireitosdasCriancaseAdolescentes/tabid/77/ConteudoId/ed4e7bcb-14c8-4aa9-992d-b50e93443eab/Default.aspx>. Acesso em: 16 fev. 2009.

precisa ser preservada pela família. Quanto mais perto da escola e do seu grupo etário maior será a garantia de se ter uma vacina contra situações de exagero'"[147]. E ainda, a conclusão de *Renato Mendes*, coordenador nacional do Programa Internacional para a Eliminação do Trabalho Infantil, da OIT, para quem: "A exploração infanto-juvenil pode levar a uma adultização precoce. Muitos participam de cenas com conflitos familiares, o que pode acarretar em transtornos para a criança"[148].

Porém, como bem ponderou *Fernanda Maria Alves Gomes Aguiar,* "parece que quando a criança, aparentemente, é bem remunerada, fica famosa, não é trabalho infantil, não é exploração infantil, é lindo, é chique, é normal"[149], e essa situação prejudicial às crianças e aos adolescentes prevalece, com o consentimento geral, inclusive daqueles que deveriam estar protegendo-os. Por conta disso, o trabalho da artista infanto-juvenil deve ser proibido, nos termos do inciso XXXIII, do art. 7º, da CF.

2.2. DA ATIVIDADE DE MODELO/MANEQUIM

Com relação à moda, de acordo com *Roger Bastide*[150], "a moda é um reflexo da arte". Conforme *Gilles Lipovetsky*[151] somente a partir do final da Idade Média foi possível reconhecer "a ordem própria da moda [...]. [Ela tem] formação essencialmente sócio-histórica, circunscrita a um tipo de sociedade". Modernamente, a moda se articula "em torno de duas indústrias novas", a alta-costura e a confecção industrial. A primeira diz respeito a "uma criação de luxo e sob medida"[152], criação de modelos originais, "é a instituição mais significativa da moda moderna; só ela precisou mobilizar permanentemente o arsenal das leis a fim de se proteger contra o plágio e os falsificadores [...]". A segunda diz respeito à produção de massa, em série e barata.

Dessa forma, pode-se dizer que a moda, como expressão da arte, também é uma atividade criadora e, como tal, exige criatividade, espontaneidade e liberdade, e é o que se verifica com relação aos seus produtores: os estilistas. Eles sim são os "artistas da moda". E eles utilizam-se dos desfiles, dos filmes e fotos publicitários para divulgar sua "arte". Portanto, as manequins/modelos[153] têm por função expor o produto, mostrá-lo, e convencer o cliente que ele é um "bom negócio".

---

(147) *Idem.*

(148) *Idem.*

(149) AGUIAR, Fernanda Maria Alves Gomes. *Op. cit.*, p. 14.

(150) BASTIDE, Roger. *Op. cit.*, p. 197.

(151) LIPOVETSKY, Gilles. *O império do efêmero*: a moda e seu destino nas sociedades modernas. Tradução de Maria Lucia Machado. São Paulo: Companhia das Letras, 1989. p. 23.

(152) *Ibidem*, p. 70.

(153) A fim de "facilitar" e "agilizar" a vida dos estilistas, padronizou-se um físico magro de modelos/manequins, para que eles não perdessem tempo fazendo uma peça de roupa para cada manequim/modelo desfilar, era necessário que todas tivessem a mesma medida; e esse padrão de magreza foi muito bem recepcionado na mídia e na sociedade. De acordo com SHAFFER, David R. *Psicologia do desenvolvimento*: infância e adolescência. Tradução de Cíntia Regina Pemberton Cancissu. São Paulo: Pioneira

Conforme *Margareth Libardi*, "a palavra modelo, entre outras coisas, significa exemplo [...]. O modelo profissional representa um produto, seja na moda, seja na publicidade [...]. Se o modelo não é belo, pelo menos deve chamar a atenção do público com uma dose de exotismo e uma aparência invejável. Tudo para valorizar aquilo que é apresentado, e vender. É como magia — contagia o público, que passa a ter vontade de vestir aquilo"[154].

Teoricamente manequim e modelo são funções diferentes; o manequim "com boa altura e corpo esguio [...] [atua] na passarela, interpretando as roupas que desfila"[155], enquanto que o modelo (fotográfico ou para comercial) "posa para fotos"[156]. Porém, hoje não se faz essa diferenciação, na prática "diz-se 'modelo de passarela' ou 'modelo *fashion*' [...] é mais comum ouvir falar do modelo, um profissional que desfila, fotografa e desempenha muitas outras funções"[157].

2.2.1. *Considerações sobre a evolução histórica da profissão de modelo/manequim*

Esta profissão surgiu "do culto ao belo [...] [fazendo] da beleza seu produto principal"[158]. E este culto já era feito na Antiguidade, em que "os artistas criavam suas esculturas, procurando retratar a beleza da época"[159], inspirados nos deuses.

Passados alguns séculos "os artistas plásticos começaram a usar pessoas, os 'modelos vivos', para inspirá-los na criação de seus quadros ou esculturas. [...] geralmente eram nobres, esposas, filhos e amigos dos pintores, e outras musas inspiradoras. [...] No século XVIII, os pintores da Renascença já selecionavam e pagavam modelos"[160].

Em meados do século XIX o conceito de modelo de moda começava a se estruturar:

> em 1856, um livro exibia fotos de uma mulher nobre, uma fidalga da corte de Napoleão III, mostrando seu famoso guarda-roupa. [...] Em 1858, o costureiro inglês Charles Worth abriu em Paris o primeiro salão de alta-costura. [Sendo] ele o primeiro a apresentar desfiles com manequins vivos para vender suas

---

Thomson Learning, 2005. p. 163, "trinta e cinco anos atrás [por volta de 1970] uma modelo britânica cujo apelido era Twiggy estabeleceu o padrão de beleza. Twiggy era muito magra e a atenção que recebeu da mídia popular enviou uma mensagem nada sutil para as mulheres do mundo ocidental: a magreza é bela, a gordura é feia".

(154) LIBARDI, Margareth. *Profissão modelo*: em busca da fama. São Paulo: Editora Senac, 2004. p. 77.
(155) *Idem*.
(156) *Ibidem*, p. 78.
(157) *Idem*.
(158) *Ibidem*, p. 21.
(159) *Ibidem*, p. 19.
(160) *Ibidem*, p. 19-20.

criações. Maria Vernet, sua esposa, tornou-se sua modelo, a primeira da história dessa profissão. [...] Em 1894 foi criada a passarela, mas as modelos que desfilavam em passarela não eram muito bem vistas. [...] O mundo se transforma, e as mudanças ocorrem em todas as áreas. Ao longo do século XX, a profissão de modelo tomou forma, o que podemos atribuir ao crescimento industrial e a invenções como a fotografia, a tevê, as revistas coloridas, a internet, etc[161].

No início do século XX "a maioria das modelos eram atrizes de teatro e dançarinas [...]"[162]. Como o Brasil importava muitas revistas de moda do exterior (principalmente França, Inglaterra e Estados Unidos) e também "muitos produtos [...], não precisava tanto de modelos quanto os países que editavam revistas, criavam uma moda própria e geravam outras oportunidades"[163].

Nas primeiras décadas do século XX, o Brasil criava novas publicações e, aos poucos, as revistas do Brasil foram abrindo espaço para as modelos da época. O mercado da moda no Brasil foi mais impulsionado na década de 30 do século XX, quando, "em 1935, *Rosa de Libman* inaugurou sua *maison* em São Paulo, criando a grife Madame Rosita. Em 1938 ela realizou um desfile no Teatro Municipal de São Paulo [...] [iniciando] o hábito dos desfiles de moda no país"[164]. Ampliando ainda mais as oportunidades para as modelos, surgem novas revistas de elegância e femininas.

Nessa época, "os modelos eram contratados por fotógrafos, publicitários, ilustradores, revistas de moda, fabricantes de roupas e lojas de departamentos [...] por meio de anúncios ou de pessoas conhecidas. O contato era direto, não havia agências"[165]. Porém, "ninguém ganhava fama servindo de cabide para mostrar à sociedade a arte dos estilistas ou aparecendo em forma de ilustração nas campanhas publicitárias"[166].

A primeira agência de modelos surgiu, nos Estados Unidos, em Nova Iorque, criada por *John Robert Powers*, "fez então o primeiro catálogo, que foi publicado em 1923, com fotos, descrições e medidas de cerca de 40 pessoas, e enviou-o a todos os clientes em potencial — fotógrafos, publicitários, lojas de departamentos, ilustradores"[167]. Conforme palavras do próprio *John Robert Powers* para *Michael Gross*: "A ideia era nova. Quando iniciei, pensava suprir uma demanda, mas comecei a

---

(161) *Ibidem*, p. 20, 21, 23.

(162) *Ibidem*, p. 24.

(163) *Ibidem*, p. 26.

(164) *Ibidem*, p. 36.

(165) *Ibidem*, p. 29.

(166) *Idem*.

(167) GROSS, Michael. *O mundo feio das mulheres lindas*: modelo. Tradução de Eliana Sabino. Rio de Janeiro: Objetiva, 1996. p. 38.

perceber que estava na verdade criando uma"[168]. Com isso, teve início a valorização da imagem desta profissão, porém, deve-se destacar que as modelos serviam como "iscas" para atrair a clientela para o consumo dos produtos que anunciavam; por isso, *John Robert Powers* dizia "Quero garotas ou mulheres que possam ter a aparência que os clientes querem que elas tenham"[169], e um dos fotógrafos famosos da década de 40/50 do século XX, *Irving Penn*, segundo relata *Michael Gross*:

> em seus retratos famosos [...] exigia personalidade, mas as fotos de moda eram diferentes — ele não admitia que a personalidade da modelo se intrometesse. Não fazia a menor diferença quem ela era na realidade. Ele não apenas "coisificava" suas modelos, como também era obsessivamente meticuloso sobre a pose que elas assumiam. Quando ele quis uma foto de uma modelo soprando um anel de fumaça perfeito, Mary Jane Russell teve que fumar sem parar vários maços de cigarro[170].

Na década de 50 do século XX, "o pós-guerra é marcado pelo desenvolvimento industrial. Produção em série, consumo e comunicação de massa [...]. A alta-costura dá espaço ao *prêt-à-porter*, a moda que se compra pronta"[171]. E, no Brasil, o mercado de trabalho das modelos "se resumia a desfiles e fotos para revistas e jornais, até que chega a televisão [...]. Surgem as estrelas dos comerciais: as garotas-propaganda. [...] As revistas continuavam firmes, e a publicidade crescia. Em 1952, a revista *Capricho* foi lançada, abrindo espaço para modelos adolescentes. Em 1959, foi criada a revista *Manequim*, que dava oportunidade para modelos adultas"[172].

No fim da década de 60 do século XX, "a fotografia da moda passou por uma transformação. Na onda do consumo de massa, revistas e anunciantes queriam fotos que vendessem roupas, em vez das fotos artísticas destinadas à elite. As roupas extravagantes foram trocadas por roupas mais comerciais"[173].

Porém, muitas modelos se depararam com um problema: "o conceito de beleza, bastante dinâmico"[174]. Tanto é assim que *Suzy Parker*, modelo da década de 50/60 do século XX, conforme relatado por *Michael Gross*, dizia que "a moda é uma piada. Não é uma arte, pois não é permanente — é algo que muda constantemente"[175]. E outras modelos da época também se depararam com isso, dentre

---

(168) *Idem*.
(169) *Ibidem*, p. 41.
(170) *Ibidem*, p. 77.
(171) LIBARDI, Margareth. *Op. cit.*, p. 41.
(172) *Ibidem*, p. 42.
(173) *Ibidem*, p. 47.
(174) *Ibidem*, p. 21.
(175) GROSS, Michael. *Op. cit.*, p. 105.

elas *Nancy Berg*, que afirmava ser a carreira de modelo "um mundo construído na areia"[176], "Sunny" Harnett, para quem a vida de uma modelo "é um mundo muito assustador quando a gente é só um rosto"[177], e também *Celia Hammond*, que disse que se afastou cedo da carreira de modelo, pois "para gostar dessa profissão é preciso ser de um imenso egocentrismo. Afinal, como é possível gostar de aparecer em um pedaço de papel numa posição esdrúxula?"[178]. Ou seja, as modelos tornaram-se "descartáveis. [Elas] Eram 'usadas' até que surgisse uma nova beldade para substituí-las"[179].

Enquanto isso, no Brasil, na década de 70 do século XX, o mercado de modelos começa a se profissionalizar, com o surgimento das primeiras agências. Começaram, então, a surgir trabalhos no exterior para as modelos brasileiras, bem como o lançamento de novas revistas, aumentando a procura por modelos em campanhas publicitárias[180]. Nesta mesma década revistas internacionais de peso na moda entram no Brasil (como a *Vogue*), e foi criado o Centro da Moda Brasileira, "em que a indústria têxtil se une para coordenar lançamentos de moda"[181].

A partir da década de 80 do século XX, "alguns chamam de 'Era Barbie', pois a perfeição [...] era cultuada ao máximo"[182]. As agências já estão melhor estruturadas no Brasil, com o surgimento de outras, como a Central de Modelos, "que começou a exigir exclusividade"[183]. "Em 1988 [...] entra a primeira agência internacional no país: a Elite [criada por *John Casablancas*] abre filiais em São Paulo. Isso ajuda a profissionalizar o mercado nacional"[184]. Surgem também agências de crianças, conforme *Margareth Librardi*:

> A profissão de modelo passa a ser supervalorizada, as modelos ganham muito dinheiro, "elas se tornam ricas, famosas, poderosas e veneradas. [...] Era o auge do estrelismo, que ganhou asas devido ao *glamour* inventado pelo mundo da moda. [...] O sonho de conquistar fama, *glamour* e muito dinheiro passou a atrair garotas muito jovens para a profissão. [...] agências brasileiras passam a exportar seus modelos de forma organizada para países como França, Itália e Japão"[185].

---

(176) *Ibidem*, p. 123.
(177) *Idem*.
(178) *Ibidem*, p. 133.
(179) LIBARDI, Margareth. *Op. cit.*, p. 53.
(180) *Ibidem*, p. 53-54.
(181) *Ibidem*, p. 56.
(182) *Idem*.
(183) *Ibidem*, p. 59.
(184) *Idem*.
(185) *Ibidem*, p. 59-60.

Na década de 90 do século XX, marcada pela globalização, o padrão de beleza exigido é global, padronizado em todos os cantos do mundo:

> o estilo *heroin chic* contagiou o universo *fashion*. As revistas de moda estampavam modelos extremamente magras, aparentando estar drogadas por causa das poses e pela maquiagem [...] o estilo anoréxico predominou [e predomina ainda hoje] nas passarelas do mundo inteiro. [Concomitantemente] [...] modelos siliconadas invadiram as passarelas [...]. Até meninas novíssimas colocavam recheio artificial para se tornar mais sensuais. Em determinadas situações exigia-se a magreza; em outras, formas mais definidas[186].

Nessa época "o Brasil tornou-se muito bem conceituado no exterior, colocando-se entre os primeiros exportadores de modelos. [...] A globalização atinge as agências, que se espalham pelo mundo. As grandes empresas de modelos abrem filiais em vários cantos do planeta, inclusive no Brasil. Em consequência, todas começam a trabalhar de forma mais homogênea"[187]. Com esse crescimento no mercado de modelos, e com a grande quantidade de profissionais à disposição, as modelos se tornam "mais descartáveis, substituídas pela avalanche de *new faces* [modelos iniciantes]"[188].

Com a entrada do século XXI, "a preocupação com a beleza continua, talvez até mais forte do que em todos os séculos anteriores. A beleza está cada vez mais valorizada na sociedade [...] [e com isso] o mercado de modelos se fortaleceu e ficou importante"[189]. Em contrapartida, "o padrão de beleza dos modelos nunca foi tão perecível. O cenário muda com uma velocidade cada vez maior"[190].

Representando bem esta fugacidade, *Michael Gross* destaca que "havia mais trabalho e mais modelos, mas sem a singularidade dos antigos. E as novas modelos não eram mulheres liberadas, embora ganhassem mais, viajassem mais e vivessem com mais liberdade. Mais do que nunca, porém, eram descartáveis, compradas e vendidas, até surgir outra cara nova. Se antes eram infantilizadas, passaram a ser também traumatizadas"[191].

E retratando esta reverência à beleza, a modelo *Shelley Smith* descreve para *Michael Gross* que:

> na carreira de modelo as coisas muitas vezes terminam em tragédia. Acho que o mundo precisa dessas imagens de gente bonita; fantasiamos que se a pessoa é perfeita por fora, sua vida interior também deve ser perfeita. Mas sempre vi a beleza como uma máscara e uma armadilha — quero dizer, agora vejo

---

(186) *Ibidem*, p. 64-65.

(187) *Ibidem*, p. 66.

(188) *Ibidem*, p. 67.

(189) *Ibidem*, p. 73.

(190) *Ibidem*, p. 72.

(191) GROSS, Michael. *Op. cit.*, p. 214.

assim, mas não quando tinha 20 anos. Somos reverenciadas e recompensadas pela nossa beleza exterior, e ninguém quer saber muito mais que isso; aí a beleza começa a desaparecer, então o que faremos da nossa vida?[192]

De acordo com *Michael Gross*, "hoje em dia as modelos ainda ajudam a vender, mas são elas o produto primário"[193]. Diante de todo esse processo de "coisificação" dos bens e das pessoas, alguns doutrinadores se propuseram a estudar esse fenômeno que denominaram de "indústria cultural".

2.2.1.1. Da indústria cultural

Do início a meados do século XX, alguns doutrinadores alemães (da Escola de Frankfurt), diante do grande processo de industrialização, do crescimento do capitalismo e do consumismo, por resultar, de seu desenvolvimento, "um interesse exclusivo dos aspectos técnico-comerciais, em detrimento do desenvolvimento social e humano"[194], passaram a questionar a real finalidade da cultura e da arte nas sociedades, pois estas passaram a ter "por alvo não o indivíduo ou a construção de sujeitos, mas exatamente a sua objetificação, para reificá-lo no processo de produção"[195].

Quanto a um conceito, nas palavras de *Marilena Chauí* indústria cultural é

> uma expressão cunhada por [...] [*Theodor Wiesengrund Adorno* e *Max Horkheimer*, na obra *Dialética do esclarecimento*: fragmentos filosóficos], para indicar uma cultura baseada na ideia e na prática do consumo de "produtos culturais" fabricados em série. A expressão *indústria cultural* [significa] que as obras de arte são mercadorias, como tudo que existe no capitalismo[196].

Para *Magali do Nascimento Cunha* integram a problemática da indústria cultural "a arte como mercadoria, a padronização, a homogeneização e a atrofia do pensamento e da criatividade"[197].

Esse "fenômeno" foi estudado por *Theodor Wiesengrund Adorno*, integrante da Escola de Frankfurt. Para melhor entender o desenvolvimento desta teoria, faz-se necessário contextualizar o momento histórico no qual *Theodor Wiesengrund Adorno* estava inserido.

---

(192) *Ibidem*, p. 223.

(193) *Ibidem*, p. 18.

(194) FABIANO, Luiz Hermenegildo. Adorno, arte e educação: negócio da arte como negação. *Educação & Sociedade*, Campinas, v. 24, n. 83, p. 495-505, ago./2003. p. 496.

(195) *Idem*.

(196) CHAUÍ, Marilena. *Convite à filosofia*. 7. ed. São Paulo: Ática, 2000. p. 290.

(197) CUNHA, Magali do Nascimento. A contribuição do pensamento de Adorno para a análise da indústria cultural. *Estudos*: humanidades, Goiânia, v. 29, n. 2, p. 535-560, mar./abr. 2002.

De acordo com *Magali do Nascimento Cunha*⁽¹⁹⁸⁾, "a Europa e os Estados Unidos, da primeira à sétima década do século XX, são o cenário de atuação e da reflexão de *Theodor Wiesengrund Adorno* (1903-1969), sociólogo, filósofo, estudioso da música e das manifestações culturais". No campo político:

> a ascensão do nazismo, as guerras mundiais, a guerra fria e a consolidação do mercado consumidor urbano [...]. No campo cultural, os costumes se alternavam: as mulheres adotavam a moda melindrosa, a psicanálise, a eletrônica, o automobilismo, a aviação, tudo se apresentava com ares de modernidade, o que era reforçado pelos movimentos artísticos que apresentavam o modernismo. Buscava-se, em uma gama de experiências, um novo homem, uma nova sociedade, uma nova arte: surge o impressionismo, o expressionismo, o cubismo, o dadaísmo — uma série de tendências antagônicas, mas unidas pelo rompimento com o passado. Consolida-se também a Escola Nova, síntese dos movimentos iniciados no século XIX, para rever as tradicionais práticas autoritárias das escolas⁽¹⁹⁹⁾.

Ainda nesse contexto, "o capitalismo deixava de ser unicamente economia para também revelar sua dimensão política e cultural, fundada na tendência à totalização [totalitarismo político]"⁽²⁰⁰⁾. Juntamente com isso surge o denominado "processo de massificação cultural"⁽²⁰¹⁾, por meio do qual "os produtos culturais (se é que assim se possa designá-los) veiculados no contexto da sociedade de massa, embora contenha elementos de cultura, não é essa a finalidade ou função que os constitui"; a cultura tornou-se "apropriada ideologicamente" devido à "dinâmica consumista consolidada pelo processo industrial como universo social unidimensionalizado"⁽²⁰²⁾.

Theodor Wiesengrund Adorno destaca em suas obras que, em decorrência de todo esse contexto, "o aparato técnico, em vez de aliviar a fome da terra, reproduz a miséria e a barbárie e regride a capacidade de assimilação do público receptor, manipulando e atrofiando as mentes [...]", e mais, que está ocorrendo um processo de "vulgarização da arte pela massificação do mercantilismo"⁽²⁰³⁾.

Quanto à teoria acerca do *esclarecimento*, depreende-se dos estudos de *Theodor Wiesengrund Adorno* e *Max Horkheimer* que

> desde os primórdios o objetivo do esclarecimento foi o de libertar os seres humanos do medo e transformá-los em verdadeiros senhores tanto da natu-

---

(198) *Ibidem*, p. 537.
(199) *Ibidem*, p. 537-538.
(200) *Ibidem*, p. 558.
(201) FABIANO, Luiz Hermenegildo. *Op. cit.*, p. 496.
(202) *Idem*.
(203) CUNHA, Magali do Nascimento. *Op. cit.*, p. 547.

reza externa quanto da natureza interna. O processo visaria à dissolução das explicações irracionais que emergiam dos mitos (imaginação) e sua substituição pelo saber, mas não por qualquer saber e, sim, por aquele convertido em algo prático, em que está a superioridade do homem. [...] Nesse sentido, um dos critérios definidores do conhecimento seria a utilidade[204].

Ou seja, esclarecimento é o processo ao longo da história em que os homens se libertam dos mitos, é o processo de racionalização a partir da filosofia e da ciência. Porém, não foi isso que ocorreu na prática, pois os homens, "corrompidos" pelo capitalismo, pelo totalitarismo político, utilizavam o saber esclarecido não visando "conceitos nem imagens, nem o prazer do discernimento, mas o método, a utilização do trabalho de outros, o capital. [...] o que os homens querem aprender da natureza é como empregá-la para dominá-la completamente e dominar os próprios homens"[205].

Estes doutrinadores, então, depararam-se com o que denominaram de *dialética do esclarecimento*, e a definem da seguinte forma: "todo o progresso material e espiritual, obtido mediante a divisão social do trabalho, não caminhou numa única direção, pois a humanidade cada vez mais esclarecida é forçada a regredir à barbárie [...]"[206]. Com efeito, "os indivíduos consumidores afastam-se do controle de suas potencialidades, já que se submetem aos objetos produzidos pelos próprios homens e se transformam em mercadorias intercambiáveis"[207], ou seja, "a indústria cultural [...] integra e administra de tal maneira os níveis do comportamento social, pouco restando da possibilidade de reação"[208], mediante a qual os processos de consumismo cultural da sociedade contemporânea caracterizam-se pelo efeito empático[209].

E mais, ao criticarem a ciência afirmam que:

> ela se teria transformado na principal mercadoria da sociedade capitalista contemporânea. As hipóteses e os objetivos de pesquisa sujeitam-se ao capital e essa subserviência ilustra o caráter totalitário do esclarecimento: o progresso baseado na reprodução da barbárie potencializado com a ascensão técnica. A mesmice está em cena lado a lado com o conformismo e com a resignação ao horror[210].

---

(204) *Ibidem*, p. 547-548.

(205) *Ibidem*, p. 549.

(206) *Idem*.

(207) *Idem*.

(208) FABIANO, Luiz Hermenegildo. *Indústria cultural*: da taxidermia das consciências e da estética como ação formativa. Tese (Doutorado) — São Carlos: Universidade Federal de São Carlos, 1999. p. 34.

(209) *Ibidem*, p. 34-35.

(210) CUNHA, Magali do Nascimento. *Op. cit.*, p. 549-550.

Theodor Wiesengrund Adorno e *Max Horkheimer* destacam também "a ideia de unidade do sistema", na qual "a mídia (o cinema, o rádio, as revistas) constituía um sistema em que cada setor seria coerente em si mesmo e todos o eram em conjunto. As próprias manifestações estéticas de tendências políticas opostas haviam adquirido um padrão"[211]. Diante disso, concluem que "os consumidores se transformam em escravos dóceis; os que em setor algum se sujeitam uns aos outros, neste setor conseguem abdicar da sua vontade, deixando-se enganar totalmente"[212], quando era para se comportarem, "pretensamente, de forma espontânea, em conformidade com seu nível, e escolher a categoria dos produtos de massa fabricados para o seu tipo"[213].

Com relação à arte para as massas, concluem que "tudo viria da consciência das equipes de produção: uma arte sem sonho. [Em que] o conteúdo [...] somente variaria na aparência. [...] Por isso, a imitação seria um elemento absoluto na indústria cultural, em contraposição com o desenvolvimento do estilo característico da própria arte"[214]. De acordo com *Luiz Hermenegildo Fabiano*

> a função da cultura, no seu sentido mais essencial e profundo enquanto princípio civilizatório, desloca-se em processos de dimensões estéticas e/ou culturais esvaziados desse sentido, para então incorporar elementos de diversão e lucro cuja finalidade é subsumir o sujeito a essa forma de organização social. [...] Qualquer atividade cultural que demande um esforço perceptivo ou exercício mental de maior acuidade dos sentidos é neutralizada em razão da cumplicidade que esses mesmos sentidos devotam ao processo de trabalho[215].

Ou seja, o sistema mantido pela indústria cultural "determina que o espectador não deve ter necessidade de nenhum pensamento próprio [...]. O esforço intelectual é evitado com escrúpulos. Os desenvolvimentos do programa apresentado devem resultar, tanto quanto possível, da situação imediatamente anterior e não da ideia do todo"[216]. Outra constatação que se faz é que "o erotismo e o humor também são [...] usados para prender o consumidor, [...] para não lhe dar possibilidade de resistência, com base no princípio de que todas as necessidades sejam satisfeitas (inclusive a sexual e a do riso), mas de forma que o público seja um eterno consumidor, objeto da indústria cultural"[217].

---

(211) *Ibidem*, p. 550.

(212) ADORNO, Theodor W. *O fetichismo na música e a regressão da audição*. São Paulo: Abril Cultural, 1975. p. 182. (Os pensadores, XLVII). *Apud* CUNHA, Magali do Nascimento. *Op. cit.*, p. 552.

(213) *Idem*.

(214) *Ibidem*, p. 553.

(215) FABIANO, Luiz Hermenegildo. *Indústria cultural... Op. cit.*, p. 35.

(216) CUNHA, Magali do Nascimento. *Op. cit.*, p. 554.

(217) ADORNO, Theodor W.; HORKHEIMER, M. *Dialética do esclarecimento*: fragmentos filosóficos. Rio de Janeiro: J. Zahar, 1985. p. 129-133. *Apud* CUNHA, Magali do Nascimento. *Op. cit.*, p. 554.

Outra questão destacada é que esse sistema degrada ainda mais a cultura por meio da "renegação da própria autonomia da arte, que se inclui orgulhosamente entre os bens de consumo. [...] A arte torna-se mercadoria e distancia-se da vida"[218], levando o público, de um modo geral, à não fruição da arte, mas ao consumo de um "objeto fetichizado".

Com base no artigo de *Magali do Nascimento Cunha*, pode-se, de maneira sintetizada, concluir que *Theodor Wiesengrund Adorno* defendia "a existência de um sistema [uno] que regula e produz dispersão", podendo ser identificado pela análise do processo industrial "que introduziu a cultura na produção em série e estreitou o vínculo entre a produção de bens de consumo e a produção de necessidade". Essa unidade sistêmica é a unidade da formação política, na qual o capitalismo, ultrapassando os limites do aspecto econômico, atinge o âmbito político e cultural (por conseguinte o artístico também), cujos efeitos são, de acordo com *Magali do Nascimento Cunha*:

> [a] A atrofia da atividade do espectador, a quem não é permitida a fantasia e o pensar (a racionalidade técnica termina por se converter em qualidade dos meios). [b] A degradação da cultura em indústria da diversão e do entretenimento — que tem utilidade para o capital como a outra face do trabalho mecanizado, isto é, a diversão torna suportável a vida humana. O homem pode se adequar ao sistema e se conformar, banalizando-se até o sofrimento, o que decreta a morte da capacidade de rebelião. [c] Vulgarização da arte, que é positivada por meio da negação da funcionabilidade social que lhe é imposta pelo mercado como um bem cultural (destituída de finalidade), mas adequando-se às necessidades. O estilo se esgotaria na imitação[219].

Este último tópico, vulgarização da arte, em que o estilo próprio, pessoal do artista é substituído pela imitação, ou seja, "a individualidade não tem chance de sobrevivência"[220], evidencia o que muitos chamam de "morte da arte"[221]. Para H. J. Koellreutter[222] "estilo é a mensagem *pessoal* do artista, medida de valor, critério e juízo valorativo, e a vivência pessoal do conteúdo da informação de sua arte, isto é, comunicação do novo é a interpretação pessoal desse conteúdo e satisfaz assim à função social de sua atuação artística", visto que desperta no apreciador sentimentos e pensamentos que transcendem o âmbito exterior da obra de arte ou da ação artística, ou seja, estilo nunca pode ser imitação, mediocridade ou aquilo que

---

(218) *Ibidem*, p. 555.

(219) *Ibidem*, p. 536.

(220) FABIANO, Luiz Hermenegildo. *Indústria cultural... Op. cit.*, p. 42-43.

(221) *Vide* ECO, Umberto. *Op. cit.*, p. 243-259.

(222) KOELLREUTTER, H. J. Sobre o valor e o desvalor da obra de arte. *Estudos avançados*, São Paulo, v. 13, n. 37, 1999. Disponível em: <http://www.scielo.br/scielo.php?script=sci_arttext&pid=S0103-40141999000300014&lng=en&nrm=iso>. Acesso em: 14 out. 2008.

agrada à maioria, que faz sucesso. Portanto, quando o estilo do artista é deixado de lado, prevalecendo a imitação e a massificação da "criação artística", tem-se a vulgarização da arte.

2.2.1.2. Da avareza

Tendo por base o artigo de *Humberto Mariotti*[223], outra consequência do processo de industrialização, do crescimento do capitalismo e do consumismo, juntamente com a indústria cultural, é o que ele denomina de "avareza", considerada como tal a "[...] volúpia da posse de tudo aquilo que puder ser capturado, colecionado e acumulado, que leva as pessoas a venerar o material e 'materializar' o que não é material", o que ele classifica como sendo "a perversão da dimensão do Ter"[224], e isso acarreta "distorção de dois dos valores mais importantes da condição humana: o valor-coisa e o valor-processo"[225].

A pessoa submersa nesse contexto "caminha sempre na direção da ansiedade e o faz ao longo de uma sequência: a) a posse não o satisfaz; b) por isso, a necessidade de seguir acumulando jamais o abandona; c) a essa circunstância se juntam o medo de perder o já acumulado e o pavor de não conseguir continuar concentrando", e tende a ser levada ao "autoritarismo" (que é o "desequilíbrio entre os universos tecnocientífico e moral"[226]). Fica exposta e submissa ao "modelo

---

(223) MARIOTTI, Humberto. *A era da avareza*: a concentração de renda como patologia biopsicossocial. Disponível em: <http://www.geocities.com/pluriversu/avareza.html>. Acesso em: 14 out. 2008. Este texto é a edição de uma conferência dada pelo autor na Associação Palas Athena, São Paulo, em outubro de 2000, como parte do ciclo de estudos *As Dores da Alma*.

(224) As relações entre o *Ter* e o *Ser* "são instâncias essenciais ao nosso cotidiano. É também indispensável compreender que a predominância exacerbada e prolongada de uma delas sobre a outra acaba trazendo consequências marcantes — e é aqui que começam os problemas". *Idem*.

(225) "O valor-coisa foi um dos aspectos mais destacados da Era Industrial. Nesse período (ainda em vigência em muitos países), o alicerce mais sólido era representado pelo primado do produto concreto — a mercadoria tangível. Essa visão de mundo acabou em muitos casos conduzindo a uma atitude reificante, que incluiu a redução das pessoas a coisas, como parte da compulsão geral para a aquisição e o controle de bens físicos. Como escreveu o antropólogo Gregory Bateson, as sociedades industriais só se referem a seus produtos e não aos seus processos. Tal inclinação, é claro, reforça as ideias de previsibilidade e imobilização, próprias do conservadorismo [...] [cujo] reflexo desse modo de ver o mundo [é]: a busca de estabilidade, a fuga ao aleatório, o anseio pela solidez. Uma das manifestações dessa procura do concreto é o modo como transformamos as pessoas em objetos, o que permite o seu confinamento e controle. Uma vez convertidos em coisas, os indivíduos podem ser concentrados, acumulados e, quando isso for conveniente, descartados. Já o fluxo, os processos e a dinâmica dão uma sensação de instabilidade, de incerteza — mas também de liberdade". *Idem*.

(226) Que, no entendimento do autor, tem relação direta com "a predominância da economia logística". Essa "dissociação entre o progresso científico ou técnico e o progresso moral", ocorre, para o filósofo Norberto Bobbio ["A Banalidade do Apocalipse". Entrevista ao jornal italiano (Milão) *24 Ore*, transcrita em *Carta Capital*, São Paulo, ano IV, n. 113, 22 dez. 1999, p. 14], pois "o progresso científico contribuiu muito para a melhora material do ser humano. Com isso, deu-lhe instrumentos para que ele exercesse a sua vontade de poder, não raro levando-o ao autoritarismo [...]". *Idem*.

mental fragmentador e excludente [...] [segundo o qual] a cultura está condicionada [padronizada], [e] o conceito de sobrevivência do mais apto — transformado em sobrevivência do mais forte — foi transplantado para o terreno da economia e utilizado para justificar a competição predatória"[227].

Com base nisso, predomina a "visão utilitarista, que reifica os seres humanos (chamando-os de 'recursos humanos'), é a mesma que reifica o mundo (vendo-o como uma fonte de 'recursos naturais')", ou seja, tudo passa a ter um "valor único e padronizado — o valor econômico". Essa visão é controladora e padronizadora, devendo, por conta disso, "tudo o que não puder ser reduzido a essas dimensões" ser excluído portanto, deve-se excluir; "o diferente, o incerto, o imprevisível — ou seja, o criativo e o vivo"[228].

Como consequência da padronização (monoculturalismo), o século XXI enfrentará um dos seus maiores problemas, qual seja, o de "determinar até onde é possível prosseguir com a estratégia de transformar as pessoas em clientes/investidores, descartando as que não puderem (ou não quiserem) adaptar-se a essa estandardização"[229].

De maneira resumida, o autor conclui que

[...] hoje, mais do que nunca, estamos em plena Era da Avareza [...] [que tem como] resultados [...], no âmbito planetário atual: a) a progressiva deterioração dos hábitos comunitários e associativos; b) o progressivo abandono de formas de convivência capazes de contrabalançar o individualismo agressivo e predatório; c) a crescente erosão das conexões sociais; d) o desprestígio da ideia de um Estado em que haja lugar para a assistência (não o assistencialismo) e a compaixão; e) a reificação da condição humana e de suas manifestações; f) a diminuição, em todos os níveis, da solidariedade e da lealdade; g) o monoculturalismo, implantado e mantido pelo *marketing* e pela educação orientada para a quantificação e a homogeneização[230].

Diante desses contextos, da indústria cultural, da banalização do consumo, da avareza, pode-se concluir que está cada vez mais difícil encontrar uma atividade artística[231] que possa ser considerada como tal. Pois "na exigência de entretenimento e relaxamento o fim absorveu o reino da falta de finalidade [da arte]"[232], cuja

---

(227) *Idem.*

(228) *Idem.*

(229) *Idem.*

(230) *Idem.*

(231) Note-se, aqui não se está querendo dizer que a ideia de arte mudou, mas sim que ela não existe mais.

(232) ADORNO; HORKHEIMER. *Op. cit.*, p. 148. *Apud* CUNHA, Magali do Nascimento. *Op. cit.*, p. 555. E, conforme Luiz Hermenegildo Fabiano, "tomando-se como entendimento que a obra de arte não é apenas extensão ou expressão imediata da realidade histórico-social em que foi produzida, ela

fórmula agora é a repetição, ou seja, aniquilou-se com o estilo, com a individualidade, com a capacidade criadora, tanto do artista quanto do espectador/admirador, todos estão inseridos nesse mundo consumista, onde tudo é possível desde que faça dinheiro, tudo, inclusive as pessoas, são substituíveis, são efêmeras, fugazes, descartáveis, onde vigora o exibicionismo e o superficialismo, a padronização das subjetividades.

Portanto, pode-se dizer que a legislação trabalhista no tocante à limitação de idade para o ingresso nas atividades produtivas, prevista, principalmente, no art. 7º, XXXIII, da CF, aplica-se a todo e qualquer trabalho de cunho econômico, gerador de valor[233], conforme *Arnaldo Süssekind*[234], com o intuito de afastar as crianças e os adolescentes do envolvimento precoce com esse processo de "coisificação", pois não possuem o desenvolvimento físico e psíquico suficiente para se portarem diante desse quadro de desapego aos valores do *ser*.

Diante da evolução que tomou esta profissão, é certo que a atividade de modelo/manequim não representa uma manifestação artística pura, visto que inserida dentro de um contexto econômico/lucrativo, desapegada de qualquer compromisso com a criação, com a liberdade, com o desenvolvimento físico, psíquico e moral das crianças e adolescentes envolvidos, podendo-se dizer, com isso, que sua regulamentação é falha, conforme se demonstrará a seguir.

2.2.2. *Considerações sobre a regulamentação da profissão de modelo/manequim*

A profissão de manequim/modelo não tem uma legislação específica, o que existe é o Decreto n. 82.385 de 5 de outubro de 1978. O anexo deste Decreto estabeleceu que a atividade de manequim[235] (omitindo-se quanto aos modelos) enquadra-se no rol das atividades dos artistas, e, portanto, é regulamentada pela Lei n. 6.533/1978, já analisada anteriormente.

O Ministério do Trabalho, por meio da Portaria n. 3.297 de 3 de setembro de 1986, integrou os manequins e modelos na categoria profissional diferenciada dos artistas, passando a denominar esta classe profissional da seguinte forma: "Artistas e Técnicos em Espetáculos de Diversões (cenógrafos e cenotécnicos, atores teatrais, inclusive corpos corais e bailados, atores cinematográficos e trabalhadores circenses, manequins e modelos)".

---

se desobriga da função alienante de confirmar ou reafirmar sua estrutura. Por não ser a identificação imediata, mas mediada com a realidade social em que a produziu, a arte é por isso mesmo a sua negação". FABIANO, Luiz Hermenegildo. *Op. cit.*, p. 43.

(233) CAMPOS, Herculano Ricardo; FRANCISCHINI, Rosangela. *Trabalho infantil produtivo e desenvolvimento humano*. Nota 3. p. 15. Disponível em: <http://www.scielo.br/scielo.php?script=sci_arttext&pid=S1413-73722003000100015%20&lng=pt&nrm=isso>. Acesso em: 20 out. 2008.

(234) SÜSSEKIND, Arnaldo. *Direito constitucional do trabalho*. Rio de Janeiro: Renovar, 1999. p. 271-272.

(235) De acordo com o Decreto n. 82.385/1978, manequim é a pessoa que "representa e desfila usando seu corpo para exibir roupas e adereços".

Com relação a este enquadramento, o TRT da 2ª Região assim se manifestou:

> Modelo x Artista. Equiparação. A valer a definição de Aurélio, artista é a pessoa que se dedica às belas-artes, e/ou que delas faz profissão ao passo que arte é a capacidade criadora do artista de expressar ou transmitir tais sensações ou sentimentos. O Decreto nº 82.385, de 1978 incluía como artista a manequim, que conceituava com ranço corporativista e cartorário como aquela que representa e desfila usando seu corpo para exibir roupas e adereços. Valendo-me, mais uma vez de Aurélio, manequim é o boneco que representa homem ou mulher e é usado para estudos artísticos ou científicos, ou para trabalhos de costureira ou alfaiate, ou, ainda, para exposição de roupas em lojas, vitrinas, etc. Manequim virou modelo e modelo virou artista, quando o Ministro do Trabalho de 1986, com excesso de arbítrio, subtraiu-a do grupo profissional dos trabalhadores em empresas de difusão cultural e artísticas, para incluí-los no dos artistas. (*TRT 2ª R, Acórdão SDC 00171/2004-0, processo n. 20350-2003-000-02-00-2, Seção de Dissídios Coletivos, Rel. Jose Carlos da Silva Arouca, DOESP 30/07/2004*)[236].

Ou seja, muito embora a legislação faça essa equiparação entre modelo/manequim e artistas, notória é a diferença entre estas duas profissões. Enquanto os artistas precisam da criatividade, personalidade, etc., para desempenharem suas atividades, a modelo/manequim "não cria, ela é uma colaboração que não é dirigida pela sua inteligência ou sua imaginação [...]"[237].

Além disso, outro aspecto problemático desta equiparação está no fato de se aplicar as mesmas limitações de idade a esta categoria, ou seja, não há limitação, basta autorização dos pais ou judicial (art. 406, I e II, da CLT e art. 149 do ECA) para a criança e o adolescente ingressarem no mercado de trabalho.

Isso quer dizer que a regra do art. 7º, XXXIII, da CF é flexibilizada quando se tratar de atividade artística (incluindo, portanto, os modelos e manequins), pois, para fins de desempenhar atividade de cunho artístico, não há limitação de idade, basta que haja autorização dos pais/responsáveis e/ou do juiz (conforme art. 406, I e II, da CLT e art. 149 do ECA, em âmbito nacional; e, internacionalmente, tem-se o art. 8º da Convenção n. 138 da OIT), sob o pretexto de que qualquer pessoa, independentemente da idade, pode estar dando vazão à arte.

Porém, diante do fenômeno denominado e destacado por *Theodor Wiesengrund Adorno* de "indústria cultural", a partir do momento em que a arte tornou-se mercadoria, passou a exprimir não mais a subjetividade, a espontaneidade do seu criador, mas sim a necessidade de consumo rápido e fácil, que não demande esforço mental algum por parte dos espectadores, padronizando tanto o produto da

---

(236) BRASIL. Tribunal Regional do Trabalho (2ª Região). Acórdão SDC 00171/2004-0. Processo n. 20350-2003-000-02-00-2. Seção de Dissídios Coletivos. Relator: Jose Carlos da Silva Arouca. 03. jun. 2004. Disponível em: <http://www.trt02.gov.br:8035/22004001710.html>. Acesso em: 20 ago. 2008.

(237) GROSS, Michael. *Op. cit.*, p. 344.

arte quanto a sua interpretação. Ela não mais surge espontânea e livremente, mas sim previamente determinada e padronizada conforme os interesses do consumo (e do capital — de acordo com o que for mais rentável). Esse mesmo fenômeno, portanto, é sentido também na moda, conforme expõe *Roger Bastide:* "as variações e as mudanças da moda não refletem o capricho das mulheres; são preparadas com muita antecedência pelas grandes lojas e pelos *trusts* comerciais, servindo para dar vazão aos estoques, para diminuir as mercadorias, aumentando assim o preço, etc."[238].

Ou seja, da mesma forma que a arte, a moda também passou a priorizar o aspecto econômico, não mais criativo; portanto, deve-se produzir em massa, padronizado, objetivamente, sendo as modelos/manequins as "divulgadoras" e principais protagonistas desta moda, pois ao mesmo tempo em que a expõem, elas também ficam expostas a toda essa massificação, "coisificação" e fugacidade, em que "apenas o superficial delas é enfatizado: a aparência, a estética corporal [...]"[239].

— Será que as crianças e os adolescentes estão suficientemente preparados para passar por tudo isso, e ingressar nesse mercado no qual o produto principal (que será comprado e vendido de acordo com o rótulo de beleza predominante) são eles mesmos? Além disso, deve-se levar em consideração que o trabalho desempenhado por modelo/manequim é tão desgastante como qualquer outro, sujeito a horários, cobranças, compromissos, responsabilidades, conforme se analisará no capítulo a seguir.

---

(238) BASTIDE, Roger. *Op. cit.*, p. 197. Exemplos desse fenômeno no mundo da moda e do consumo podem ser encontrados nos seguintes artigos: SIBILA, Paula. *A arma de guerra chamada Barbie*. Disponível em: <http://diganaoaerotizacaoinfantil.wordpress.com/2007/09/02/a-arma-de-guerra-chamada-barbie/>; MAXIMIANO, Ana. *Crianças já crescem insatisfeitas com o próprio corpo*. Disponível em: <http://diganaoaerotizacaoinfantil.wordpress.com/2007/09/05/criancas-ja-crescem-insatisfeitas-com-o-proprio-corpo/>; FRENETTE, Marco. *A beleza e seus infelizes*. Disponível em: <http://diganaoaerotizacaoinfantil.wordpress.com/2007/07/21/a-beleza-e-seus-infelizes/>; MAXIMIANO, Ana. *A febre da plástica teen*. Disponível em: <http://diganaoaerotizacaoinfantil.wordpress.com/2007/07/21/a-febre-da-plastica-teen/>; MAXIMIANO, Ana. *Adolescentes recorrem a silicone e lipo para mudar o corpo*. Disponível em: <http://diganaoaerotizacaoinfantil.wordpress.com/2007/10/18/adolescentes-recorrem-a-silicone-e-lipo-para-mudar-o-corpo/>; MAXIMIANO, Ana. *Garotas precoces*. Disponível em: <http://diganaoaerotizacaoinfantil.wordpress.com/2008/04/20/garotas-precoces/>; MAXIMIANO, Ana. *Consumidor cada vez mais precoce*. Disponível em: <http://diganaoaerotizacaoinfantil.wordpress.com/2007/09/09/consumidor-cada-vez-mais-precoce/>. Todos com acesso em: 27 ago. 2008.

(239) TAWIL, Miriam. *Mundo fashion*: modelos e bastidores. São Paulo: Celebris, 2005. p. 109.

3

RESULTADOS E DISCUSSÕES DA PESQUISA DE CAMPO

Feitas as considerações teóricas envolvendo temas cruciais para reflexão da atividade de modelo/manequim infanto-juvenil, necessário se faz, com base nessa explanação, analisar os dados obtidos junto à população que trabalha com essa parcela de profissionais, a fim de se fazer um levantamento, na realidade, das condições e das diferentes maneiras de exercício de tal atividade.

3.1. QUESTIONÁRIO — AGÊNCIAS DE MANEQUINS E MODELOS DE CURITIBA/PR E INFORMAÇÕES OBTIDAS COM O SINDICATO DE MANEQUINS E MODELOS DO PARANÁ (SIMM), COM O MINISTÉRIO DO TRABALHO E EMPREGO — SUPERINTENDÊNCIA REGIONAL DO TRABALHO E EMPREGO DO PARANÁ (SRTE/PR)

Primeiramente foram obtidos dados através de questionário composto por 14 (quatorze) questões junto às agências credenciadas ao Sindicato de Manequins e Modelos do Paraná (SIMM)[240] quando da realização da pesquisa, que serão designadas, respectivamente, por agência A, agência B, agência C, agência D, agência E e agência F, com a finalidade de obter informações sobre: o número de modelos/manequins agenciados, divididos em faixa etária; as exigências para os modelos/manequins firmarem contrato com a agência; como é feita a contratação dos modelos/manequins com as agências e se para os menores de 16 (dezesseis) anos as exigências são as mesmas; o prazo de duração do contrato; a existência de cláusula de exclusividade; a estipulação de horário para a prestação de serviço pelos modelos/manequins e o pagamento; a forma de contratação dos modelos/manequins com as empresas tomadoras de serviço (clientes), e se para

---

(240) A princípio, a intenção era entrevistar todas as 16 (dezesseis) agências de modelos/manequins credenciadas ao SIMM, porém, apenas 6 (seis) delas mostraram interesse em participar e colaborar com a pesquisa.

os menores de 16 (dezesseis) anos a contratação é diferente; a duração do contrato entre o cliente e agência; a exclusividade dos modelos/manequins contratados pelos clientes para a prestação do serviço; a estipulação de horário na prestação de serviço dos modelos/manequins para com os clientes; a subordinação dos modelos/manequins; a fiscalização na realização do serviço; e a faixa etária de maior interesse dos clientes.

Com relação às informações obtidas por meio do SIMM e da SRTE/PR, a finalidade destas era contrastar os dados fornecidos pelas agências, bem como obter subsídios acerca: 1) da quantidade de modelos/manequins atuantes em Curitiba/PR; 2) dos requisitos que são exigidos para emissão dos DRTs; 3) da contratação dos modelos/manequins; e 4) do prazo de duração do contrato e da jornada.

No tocante ao número de modelos/manequins agenciados:

— a agência A informou possuir no total 1.391 (um mil trezentos e noventa e um) modelos/manequins, dos quais: 567 (quinhentos e sessenta e sete) são menores de 16 (dezesseis) anos — sendo 435 (quatrocentos e trinta e cinco) deles menores de 12 (doze) anos de idade —; e 824 (oitocentos e vinte e quatro) possuem idade a partir de 16 (dezesseis) anos para mais;

— a agência B respondeu que não trabalha com menores de 16 (dezesseis) anos, porém, não informou o número de modelos que agencia;

— a agência C, por sua vez, informou que não pode precisar o número, por ter modelos agenciados por outras agências também;

— a agência D informou que não trabalha com *casting*[241] infantil, somente a partir de 16 (dezesseis) anos, possuindo, no total, 75 (setenta e cinco) modelos/manequins, aproximadamente;

— a agência E informou possuir no total 637 (seiscentos e trinta e sete) modelos/manequins, dos quais: 194 (cento e noventa e quatro) são modelos/manequins menores de 16 (dezesseis) anos de idade — sendo 135 (cento e trinta e cinco) deles menores de 12 anos —; e 443 (quatrocentos e quarenta e três) a partir de 16 (dezesseis) anos para mais; e

— a agência F informou possuir no total 90 (noventa) modelos/manequins, dos quais: 45 (quarenta e cinco) são menores de 16 (dezesseis) anos — sendo 20 (vinte) deles entre 12 (doze) e 14 (quatorze) anos, os quais acompanha sem contrato —; e 45 (quarenta e cinco) a partir de 16 (dezesseis) anos para mais.

---

(241) *Casting* é a "seleção de modelos para um trabalho, feita a pedido de produtoras de filmes, revistas, estilistas, etc.", conforme LIBARDI, Margareth. *Profissão modelo:* em busca da fama. São Paulo: Editora Senac, 2004. p. 426.

Diante destes dados, verifica-se que na realidade[242] curitibana, dentre as agências consultadas, há um total de 2.193 (dois mil cento e noventa e três) modelos/manequins, dos quais 806 (oitocentos e seis) são menores de 16 (dezesseis) anos, ou seja, 36,75% dessa população.

Conforme Ofício SES/SRTE/PR n. 1.437/2008 do Ministério do Trabalho e Emprego, foram emitidos, do ano de 2005 até outubro/2008, 2.800 (dois mil e oitocentos) registros de manequim/modelo — estes para maiores de 16 (dezesseis) anos. O SIMM informou que nos anos de 2005 até 2008 emitiu 2.325 (dois mil trezentos e vinte e cinco) registros profissionais e, no ano de 2008, emitiram cerca de 180 (cento e oitenta) registros provisionados.

Quanto aos registros, é importante destacar que o registro profissional/definitivo será emitido pelo SIMM aos modelos/manequins a partir de 16 (dezesseis) anos de idade, após aprovação pela banca (avaliação feita pelo SIMM depois de concluído o curso de modelo/manequim em uma das escolas vinculadas a ele), que se aprovado receberá um atestado de capacitação sindical, devendo levá-lo à SRTE/PR para efetivar o registro na Carteira Profissional de Trabalho (CTPS) — comumente denominado "DRT". Já o registro provisionado é aquele emitido pela Associação de Manequins e Modelos do Paraná[243] quando os menores de 16 (dezesseis) anos de idade são aprovados pela banca (depois de efetivadas as mesmas exigências acima), uma vez que não podem ter anotação na CTPS, porém, este registro autoriza o menor a trabalhar como modelo/manequim (sendo agenciado e contratado pelos clientes) da mesma forma que aqueles que possuem o registro definitivo e a anotação na CTPS.

Dessa forma, a documentação exigida para obter o DRT "inclui a Carteira Profissional e o atestado de capacitação profissional expedido pelo sindicato que representa a categoria. [...] Crianças tiram carteirinha de artista mirim. [E] Mesmo que o trabalho no Brasil seja proibido até 16 anos, como artista a criança pode receber autorização do sindicato dos modelos e do Juizado da Infância e da Juventude para exercer a profissão"[244].

Ainda no tocante ao registro profissional, deve-se observar que "modelos registrados devem pagar uma contribuição anual para o sindicato. [E] Modelo mirim também paga contribuição, que é cobrada de outra forma"[245].

---

(242) Frise-se, mais uma vez, que somente 6 (seis) dentre as 16 (dezesseis) agências responderam o questionário, portanto, o número de modelos menores de 16 (dezesseis) anos de idade atuantes em Curitiba/PR, na prática, pode ser bem maior.

(243) Essa Associação funciona juntamente com o SIMM, inclusive no mesmo ambiente físico, com o mesmo número de telefone, e com a mesma diretoria, com a finalidade de atenderem os modelos/manequins menores de 16 (dezesseis) anos — *vide* informações Anexo VIII.

(244) LIBARDI, Margareth. *Op. cit.*, p. 320. Considerações acerca da competência para autorização de menores serão feitas adiante.

(245) *Ibidem*, p. 322.

Quanto às exigências para os modelos/manequins firmarem contrato com a agência:

— a agência A informou que não trabalha com contrato, e que o modelo/manequim deverá participar do agenciamento;

— a agência B informou que precisa ter o curso de modelo/manequim e DRT;

— a agência C informou que modelo não precisa ter as mesmas medidas que manequim[246];

— a agência D informou que a exigência é possuir DRT, e, caso seja menor, estar acompanhado pelo pai ou mãe, pois precisará da autorização por escrito;

— a agência E informou que para os modelos exige beleza, altura, desenvoltura e disponibilidade, e para as crianças e elenco, exige principalmente desenvoltura e disponibilidade; e

— a agência F informou que os modelos devem estar dentro do perfil *fashion*, ou seja, terem no mínimo 1.75 de altura para mulheres e 1.85 para homens e estarem dentro das medidas do mercado *fashion*.

Com relação a como é feita esta contratação, as agências informaram que:

— agência A, os clientes procuram a agência, com o trabalho já definido, e escolhem os modelos (por teste, entrevista, foto ou outros meios), e para as crianças, o procedimento é o mesmo, só exigindo o acompanhamento do responsável para assinar os contratos e autorizações de uso de imagem;

— agência B, nada respondeu;

— agência C, é feita por meio dos documentos necessários para o cadastro, e se menor, exige-se um responsável para assinar o cadastro de agenciamento, e caso não tenham foto, já fazem na hora uma digital;

— agência D, não respondeu como é feita a contratação, somente informou que para os menores a legislação exige autorização do juizado;

— agência E, agenda uma entrevista após uma pré-seleção por fotografia, preenche uma ficha cadastral e encaminha os modelos para um fotógrafo para elaboração do *book*[247];

— agência F, apenas informou que para os menores de 16 (dezesseis) anos é necessário o acompanhamento dos pais.

---

(246) Nos termos da Convenção Coletiva de Trabalho de 2008 (CCT/2008) firmada entre a Federação do Comércio do Paraná e o SIMM, com vigência até 28.02.2009, cláusulas 4.1 e 4.2, modelo são os fotográficos e publicitários e manequim os profissionais de passarela.

(247) *Book* "é o *portfolio*, um álbum com as melhores fotos do modelo [...]", conforme LIBARDI, Margareth. *Op. cit.*, p. 425.

Quanto ao prazo de duração do contrato, todas informaram que realizam contratos por prazo determinado, geralmente de 1 (um) ano, informando (as agências A e F) que o prazo máximo pode ser de até 3 (três) anos. De acordo com informações prestadas pelo SIMM, o prazo de duração do contrato não é fixo, sendo, geralmente, de 1 (um) ano.

Sobre a exigência de exclusividade, as agências se dividiram, umas responderam que não existe (agência B) ou não a exigem (agências C e D), enquanto outras responderam que existe e exigem-na dos modelos (agências A, E e F), sob pena de cancelamento do contrato (agência E). O SIMM informou que a exclusividade é opção das agências, algumas escolhem outras não, mas existe. De acordo com *Margareth Libardi*, as agências de modelo pedem exclusividade, mas, geralmente, de forma verbal[248].

No tocante à estipulação de horário para a prestação do serviço pelos modelos/manequins e o pagamento, cada agência informou uma situação diferente:

— a agência A afirmou que o prazo para o modelo ficar disponível no *set* de filmagem, ou para o fotógrafo, de praxe do mercado é de 10 horas;

— a agência B disse ser de acordo com as necessidades do cliente contratante;

— a agência C disse estar tudo no contrato temporário de trabalho;

— a agência D afirmou que o horário é de até 8 (oito) horas; e o pagamento é feito no prazo de 30 dias; porém, como são os representantes, eles recebem o pagamento em 30 (trinta) dias e repassam para os modelos em 32 (trinta e dois) dias;

— a agência E disse que o tempo máximo de trabalho é de 8 (oito) horas, caso ultrapasse esse limite eles fazem um acordo ou o modelo recebe hora extra; e o pagamento é feito 40 (quarenta) dias após a realização do trabalho;

— a agência F também informou que o trabalho deve ter no máximo um total de 8 (oito) horas, com intervalo de 1 (uma) hora para alimentação; e que os clientes têm o prazo de 30 (trinta) dias para pagar e é esse o prazo que dá aos modelos para o pagamento do respectivo cachê, afirmando ser este o sistema de mercado.

Com relação aos clientes e à contratação dos modelos/manequins, todas as agências afirmaram que o contrato (que de acordo com a agência B é "contrato de prestação de serviços de trabalho temporário") deve ser intermediado pelas agências, não podendo ser diretamente com os modelos, tanto para a contratação com os modelos adultos, quanto para as crianças e adolescentes (agências B, C, D, E e F). Porém, a agência A informou que pode haver situações em que o cliente contrate diretamente com o modelo, ou via agência ou via produtora.

---

(248) *Ibidem*, p. 328.

Conforme *Margareth Libardi*,

> os clientes de um modelo são todos os que contratam os seus serviços. É para quem o modelo vai trabalhar [...]. [E] os principais são: anunciantes [...]; agências de publicidade [...]; agências de internet; diretores publicitários; editoras de revistas e jornais [...]; emissoras de tevê; estilistas, donos de confecções ou de lojas; fotógrafos profissionais de moda e de publicidade; organizadores de eventos; produtores de elenco (*casting*)[249].

Com relação à duração do contrato de trabalho entre o cliente e a agência, as agências informaram que varia, durante o tempo necessário para a realização e veiculação do trabalho (agências A, B, D, E e F), e que para cada trabalho haverá um contrato específico (agência D). Sendo que a agência C informou que o prazo é geralmente de 1 (um) ano.

No tocante a existir clientes que exijam dos modelos/manequins contratados de exclusividade, as agências responderam:

— agência A afirma que em alguns casos a exclusividade para determinado produto é exigida e consequentemente o cachê é maior;

— agência B nada respondeu (porém quando da pergunta sobre a exclusividade entre agência e modelos/manequins, ela respondeu que "não existe exclusividade no Brasil");

— agência C diz que não é exigida, mas por questão de ética, a modelo não deve promover outro produto concorrente daquele que está divulgando;

— agência D diz que não;

— agência E afirma que não é necessário, mas em muitos casos exige-se a exclusividade; e

— agência F diz que há exigência de exclusividade para prestação de serviços, e que existem diversos tipos de serviços.

Quanto à existência de estipulação de horário para prestação do serviço pelo modelo/manequim para o cliente, as agências responderam:

— agência A: "Cada trabalho tem seu horário, respeitando a praxe de mercado de 10 horas do modelo disponível ao cliente";

— agência B: "Depende, uns são de 4 h, outros 6 h e 8 horas. A partir de horário comercial";

— agência C: "Sempre é estipulado no contrato o horário que começa e que termina, caso ultrapasse é cobrado um adicional, 30, 70 ou 100% do valor de acordo com o tempo. Os trabalhos são executados durante o dia, no caso de fotos, e no caso de vídeos são executados à noite";

---

(249) *Ibidem*, p. 213.

— agência D: "Para desfiles a modelo precisa fazer pelo menos um ensaio, geralmente dura umas 3 a 4 horas [...] precisa estar no local com mais ou menos 3 horas de antecedência para fazer cabelo, maquiagem. Geralmente os desfiles são feitos à noite, porém o organizador do desfile precisa avisar o sindicato de manequins e modelos";

— agência E: "Uma diária de trabalho de 8 h, não importa o período. Manhã, tarde, noite e madrugada"; e

— agência F: "Não existe horário, existem trabalhos que são necessários ser fotografados de madrugada ou muito cedo, por fatores como luz, fluxo de pessoas etc.".

Ou seja, os horários são variados, de acordo com o serviço a ser desempenhado, exigindo grande disponibilidade de tempo dos modelos/manequins, os quais devem estar à disposição a qualquer hora e momento do dia ou da noite para desempenharem o trabalho.

Com relação à subordinação dos modelos/manequins, informaram que os modelos ficam subordinados à agência até o momento da realização do trabalho, e quando da realização deste, ficam subordinados aos clientes (agências C, E e F). A agência D respondeu que o modelo não tem contato direto com o cliente, pois é a agência quem repassa os trabalhos, e o modelo só os executa. A agência B diz que supervisiona os modelos/manequins e recepcionistas no trabalho. E a agência A disse que os modelos contratam as agências para representá-los, porém, que essa relação (agente e modelo) não é reconhecida pela legislação brasileira.

Quanto à fiscalização na realização do serviço, a maioria das agências informou que é realizada pelo SIMM (agências A, C, D, E e F), acrescentando a agência F que todos os modelos devem estar obrigatoriamente registrados no SIMM. Porém, as agências D e E afirmaram que a fiscalização feita pelo SIMM é só nos casos de modelos de passarela, em casos de desfile. Já a agência B se limitou a dizer que há fiscalização, principalmente com relação ao horário e ao cumprimento da prestação de serviço.

De acordo com *Margareth Libardi*, entre as atribuições do sindicato de modelos e manequins estão:

> definir as funções do profissional, englobando o que o modelo pode fazer ou não; estabelecer critérios para se tornar profissional; determinar a carga horária mínima para cursos de modelo profissionalizantes; fiscalizar se o mercado está agindo de acordo com a lei, combatendo a informalidade na profissão; lutar pela dignidade do profissional, o que inclui pagamento de cachês adequados e respeito a horários; e proteger os modelos de problemas jurídicos[250].

---

[250] *Ibidem*, p. 321.

No tocante à faixa etária dos modelos/manequins de maior interesse dos clientes, as agências se diferenciam. As agências A e F afirmam não ter idade certa, ou seja, todas as idades interessam aos clientes, dependerá do perfil dos modelos, sendo que eles serão consultados com antecedência, podendo recusar. As demais agências apontam idades de maior interesse: a agência B diz que seus clientes preferem modelos de 16 (dezesseis) a 25 (vinte e cinco) anos. A agência C afirma que a preferência é pelos acima de 16 (dezesseis) anos de idade. A agência D diz que o interesse é pelos modelos entre 18 (dezoito) e 45 (quarenta e cinco) anos. Já a agência E informa que os modelos entre 18 (dezoito) e 23 (vinte e três) anos de idade são de maior interesse dos clientes.

Com estes dados, é possível verificar que a atividade de modelo/manequim é uma profissão, que por ser de grande notoriedade atrai muitos jovens, principalmente meninas[251], e também seus familiares[252], é cheia de regras bastante rígidas, muita pressão[253], com competições diárias, com muita exposição, não transmitindo segurança, pois a cada dia novos conceitos de o que é belo vão surgindo, portanto, "a vida delas [modelos/manequins] é instável e imprevisível"[254], precisando ter um amadurecimento muito grande para enfrentar, diariamente, os desafios desta profissão.

Dentre as exigências para exercício desta profissão está o "biótipo", conforme evidenciado na internet, quando trata das condições/perfil para ser modelo/manequim:

> A profissão é promissora, porém poucos conseguem ganhar tanto e nem todos têm os requisitos (e talentos) básicos para desfilar e posar para ensaios fotográficos em catálogos e revistas. As exigências são inúmeras e não dependem da boa vontade de quem quer chegar lá. Em outras palavras, não basta você querer ser modelo e se esforçar para isso se você não tiver os requisitos que o meio pede. O que é preciso para ser modelo? Altura, aparência e corpo dentro de determinados padrões. Os meninos,

---

(251) "É uma constatação: o mundinho *fashion* ainda ilude. Nove entre dez belas adolescentes de Brasília, especialmente da periferia, desejam ganhar fama e dinheiro nas passarelas". Estes são dados extraídos do artigo de MAXIMIANO, Ana. *Garotas iludidas*. Disponível em: <http://diganaoaerotizacaoinfantil.wordpress.com/2007/07/24/garotas-iludidas/>. Acesso em: 27 ago. 2008.

(252) Em entrevista à revista *IstoÉ*, John Casablancas, criador da Elite, uma das maiores agências de modelo/manequim do mundo, quando indagado pela repórter sobre qual o motivo de o Brasil ser um celeiro de modelos ele respondeu: "A diversidade de tipos e a fome. Há brasileiras com cara de índia, de africana, de nórdica. **Também ajuda o fato de aqui as famílias acharem que ter filha bonita é passaporte para a riqueza. Na Alemanha, os pais querem mandar filha para a universidade. Já no Brasil a garota ganha um concurso hoje e amanhã os pais querem que mande dinheiro para casa. [...]**" — sem destaque no original. DUARTE, Sara. *Poderoso chefão*. Disponível em: <http://www.terra.com.br/istoe/1717/comportamento/1717_poderoso_chefao.htm>. Acesso em: 27 ago. 2008.

(253) "Você não pode engordar, ter espinhas, ter arranhões, marcas roxas, etc. [...] Enfrentar desafios como emagrecer sem depressão, dormir pouco, desfilar durante o dia e fotografar à noite [...]. A cobrança existe em todos os sentidos. Modelo de beleza não pode ficar feio, triste ou de mau humor em dia de trabalho [...]. Tudo isso causa ansiedade". LIBARDI, Margareth. *Op. cit.*, p. 80 e 83.

(254) TAWIL, Miriam. *Mundo faxhion*: modelos e bastidores. São Paulo: Celebris, 2005. p. 107.

por exemplo, devem ter altura mínima de 1,80 e corpo com musculatura definida. Já as meninas devem medir pelo menos 1,70 m. O quadril não pode ter mais de 90 centímetros. Essas medidas funcionam como uma espécie de nota de corte nos *castings* (nome que as agências usam para as seleções). [...] Além de medidas ideais, outros itens são muito importantes para quem sonha em se tornar modelo: a dentição deve ser perfeita (aparelhos ortodônticos não são bem-vindos), o rosto, bonito, e o corpo, sem estrias ou manchas. Quem não cultiva hábitos básicos, como cuidar da pele e se depilar com frequência, perde pontos. Talento, carisma, fotogenia e muita determinação também ajudam a empurrar a carreira para frente. Saber falar outra língua (principalmente o inglês) é recomendável. A personalidade também conta muito, pois é preciso ter ambição e vontade de vencer. [...] Além disso tudo, não se dará bem como modelo quem: 1) Costuma se atrasar para compromissos; 2) Tem dificuldades para manter uma dieta rígida; 3) Não mantém um comportamento discreto no dia a dia e em eventos sociais, como festas; 4) Passa mal só de pensar em precisar ir a um evento com hora marcada ou viajar contra a vontade; 5) Apega-se à própria imagem e detesta a ideia de mudar de visual — pintar ou cortar o cabelo, usar uma roupa ou uma maquiagem diferente —, coisa que as modelos precisam fazer constantemente[255].

Essa também é a dica da agência Elite para as candidatas de um dos concursos promovidos por ela:

Beleza, graça e juventude. Estes são os requisitos básicos que uma garota deve ter para se inscrever em um concurso como o Dakota Elite Model Look 2000. [...] Se a sua meta é trilhar o caminho que estas estrelas percorreram, então prepare-se, pois não basta ter talento: é preciso disposição para encarar o trabalho que surge pela frente. [...] Apesar de a garota não precisar ser um complexo de beleza para trabalhar como manequim de passarela ou modelo fotográfico, a Elite busca, neste concurso, um conjunto de qualidades. Vale o bom senso da menina antes de se inscrever. O biotipo padrão é o mais indicado: magra, alta, elegante no caminhar, na maioria das vezes, medir a partir de 1m70cm até 1m80cm, manequim 36/38. Não há idade limite, mas ter entre 12 e 17 anos é uma vantagem, pois a agência pode investir por mais tempo na formação da profissional. [...] A garota será analisada da cabeça aos pés: cabelos bem cuidados, dentes perfeitos e brancos (sem aparelhos fixos de correção), corpo sem celulites, estrias, manchas, cicatrizes ou tatuagem (ou, caso existam, dependendo da localização, que sejam disfarçadas), mãos e unhas bem cuidadas (jamais roer as unhas)[256].

Somando a estas exigências tem-se que:

Na carreira de MODELO é preciso um *mix* de talentos [...]. O mercado de trabalho para o modelo é bem rigoroso, o modelo tem que estar pronto para

---

[255] VOCÊ tem potencial para ser modelo? Disponível em: <http://www.newfaces.com.br/reportagem/reportagem87.asp>. Acesso em: 28 ago. 2008.

[256] MENDONÇA, Luciana. *Para ser modelo e manequim*: dicas para as garotas que pretendem se aventurar pelo mundo da moda profissional. Disponível em: <http://www.jfservice.com.br/arquivo/mulher/dicas/2000/06/29-Elite/>. Acesso em 28 ago. 2008.

verdadeiras batalhas para conseguir uma campanha publicitária. [...] Antes de dar o primeiro passo na carreira a candidata a modelo deve fazer uma autoavaliação, certificar-se de que ela realmente preenche os quesitos básicos para se tornar uma modelo. Logo após, procurar um profissional da área que possa avaliar sua chance de entrar no mercado da moda. Após este processo ela estará pronta para dar o primeiro passo investindo num curso profissionalizante[257].

Porém, diante disso tudo, é difícil compreender o fato de os pais/responsáveis e a sociedade atenderem às exigências do mercado da moda no que se refere à utilização de modelos/manequins cada vez mais jovens, conforme exposto pela psicóloga *Miriam Tawil* — "hoje o mercado de trabalho está contratando modelos muito jovens, acarretando problemas na formação desses jovens"[258] — e por *Margareth Libardi*:

E é justamente esse [a adolescência] o período em que as meninas estão começando a carreira de modelo, principalmente entre 13 e 15 anos. Muito novas. [...] Essa é uma idade muito cobiçada para comerciais, passarela e todos os tipos de trabalho que a profissão envolve. As ninfetas são muito requisitadas para desfiles, bem mais que as modelos com mais de 25 anos. O mundo *fashion* explora mais essa faixa de idade. A modelo adolescente pode parecer na foto uma menina ou uma mulher sensual de 30, dependendo da maquiagem. [...] Essa versatilidade agrada. Pele lisa, fácil de maquiar, cabelo sedoso, brilho nos olhos, corpo perfeito. Isso ajuda em qualquer produção. Por todos esses motivos, encontram-se modelos cada vez mais jovens no mercado.[259]

De acordo com os números expostos acima, e com a relação do número de carteiras provisórias (ou provisionadas — são aquelas emitidas para os menores de 16 (dezesseis) anos) expedidas pelo SIMM em 2005 — que foram 858 (oitocentas e cinquenta e oito)[260] —, percebe-se que há uma "minipopulação" lançada ao mercado de trabalho da moda, que já despenderam grande parte de seu tempo longe das atividades normais de sua faixa etária, pois precisaram, antes de obter as carteirinhas, concluir o curso de modelo/manequim; agora, já "profissionalizadas" e "aptas" para desempenharem sua função de modelo/manequim, mais do que nunca, passaram a ter mais responsabilidades tanto no aspecto físico (beleza, altura, corpo, peso, pele) quanto no aspecto emocional, o que muitas vezes, ainda

---

(257) A PROFISSÃO modelo e manequim. Disponível em: <http://www.newfaces.com.br/reportagem/reportagem47.asp>. Acesso em: 28 ago. 2008.

(258) TAWIL, Miriam. *Op. cit.*, p. 100.

(259) LIBARDI, Margareth. *Op. cit.*, p. 115.

(260) Conforme consta no Procedimento Administrativo (PA) n. 13/2005, da Procuradoria Regional do Trabalho da 9ª Região.

que aparentemente possuam feição de adultos, na realidade ainda são, pensam e agem como crianças/adolescentes, portanto, não têm condições para assumir tal encargo.

Essa situação contrastante é bem demonstrada pela psicóloga *Miriam Tawil*, quando afirma que

> [...] a menina que resolve iniciar a carreira, quase sempre com idade que dificilmente lhe dará a maturidade necessária para conviver com esse mercado, vive um duelo interior contínuo: há uma cobrança pessoal pela perfeição física — ter vaidade aqui não é uma questão de característica de personalidade, mas um quesito básico, uma obrigação! [...] E esse "comprometimento profissional" com a beleza cria uma oscilação de autoestima que pode, sim, chegar a uma inversão de valores. Os cansativos *castings* podem ser o *timer* dessa oscilação — a aprovação, ou não, de um *casting* está ligada ao perfil de modelo que o cliente precisa naquela campanha, não exatamente a beleza quantitativa das pretendentes[261].

Desta forma, evidente está que tanto a grande busca (e também procura) por modelos/manequins menores de 16 (dezesseis) anos, como os inúmeros requisitos exigidos para essa população estar desempenhando tal função, e permeando isso tudo, o fato de se admitirem trabalhos no período noturno, e que demandem tempo e disponibilidade, afastando-as de sua família, de seus estudos, de seu ambiente normal, estas crianças/adolescentes estão sujeitas a uma inversão de valores, pois "o que interessa é a imagem, e não o conteúdo da pessoa [...] nesse contexto, a expressão espontânea e o sentimento expressado passam a ser mal vistos [...] nos tempos atuais, a gula torna-se um pecado maior que a sexualidade incontida [...] [as modelos/manequins] são como produtos: expostos e comprados para fazer o trabalho [...] o fato de se sentirem realmente como objeto pode acarretar sério distúrbio à capacidade reflexiva"[262]. E tudo isso autorizado pelo legislador, que concede ao juiz a competência para decidir sobre a participação ou não do menor nesses eventos (conforme arts. 149, II, do ECA e art. 406, I e II, da CLT).

3.2. DA COMPETÊNCIA PARA AUTORIZAÇÃO DE CRIANÇAS E ADOLESCENTES PARTICIPAREM DE EVENTOS ARTÍSTICOS

Conforme já exposto anteriormente, as crianças e adolescentes de até 15 (quinze) anos de idade, por estarem, a princípio, proibidos de desempenhar qualquer tipo de trabalho (art. 7º, XXXIII, da CF; art. 60 do ECA e art. 403 da CLT), precisam de autorização judicial para participarem de eventos artísticos, nos termos do art. 149, II, do ECA e do art. 406, I e II, da CLT.

---

(261) TAWIL, Miriam. *Op. cit.*, p. 10.
(262) *Ibidem*, p. 40, 41, 48, 52 e 81.

Quanto à competência para conceder tal autorização, dispõe o ECA (em seu Capítulo II e Seção II) que será da Justiça da Infância e da Juventude, ou seja, dos juízes das Varas de Infância e Juventude (VIJ), e o Código de Normas da Corregedoria-Geral da Justiça do Estado do Paraná (CN), ao tratar do Ofício da Infância e da Juventude, repetiu tal disposição no item 8.2.4., II.

O Tribunal de Justiça do Paraná (TJ/PR), por meio da Resolução n. 7/1997, que estabelece atribuições aos Juízes das VIJ da Comarca de Curitiba/PR, encarregou o juiz da 1ª VIJ da atribuição de disciplinar ou autorizar a participação de menores em eventos artísticos (art. 1º). E, com o intuito de pesquisar, na prática, como a autorização para menores de 16 (dezesseis) anos de idade para participar de evento artístico é concedida, foi encaminhada à 1ª VIJ de Curitiba/PR solicitação contendo os seguintes questionamentos para serem esclarecidos: 1) como é feita a autorização para menores de 16 (dezesseis) anos de idade participarem/desempenharem atividades artísticas e/ou de modelo e manequim; 2) os requisitos para o fornecimento dessa autorização; 3) a existência de alguma regulamentação interna (no Código de Normas, ou Resoluções, etc.) acerca do procedimento/processamento desta autorização; 4) o número de autorizações que foram emitidas entre os anos de 2005 e 2008, para modelos/manequins participarem de certames de beleza ou outras atividades relacionadas com a profissão; e 5) a possibilidade de fornecer cópia de uma autorização para evento artístico, sem que conste a identificação das partes (empresas, menores, etc.).

Conforme informações prestadas pela juíza da 1ª VIJ a autorização prevista no art. 149 do ECA e no art. 406, I e II, da CLT é feita "de acordo com pedido das empresas organizadoras [...] se não pedir caso chegue ao conhecimento da Vara o evento só será realizado se houver regulamentação"; os requisitos para o fornecimento da autorização são "condições do local, iluminação, saídas de emergência, alvará bombeiro, etc."; não há qualquer regulamentação interna acerca do procedimento/processamento da autorização; não possuem dados acerca do número de autorizações emitidas para modelos/manequins entre os anos de 2005 e 2008; não sendo possível fornecer cópia de uma autorização concedida para evento artístico. Ou seja, nada muito além do previsto na legislação.

Contrariando todas as disposições acerca da competência para fornecer esta autorização, *José Roberto Dantas Oliva* defende, por ser a atividade desempenhada pelos artistas-mirins trabalho no sentido amplo:

> a competência para autorizar tanto o trabalho artístico como aquele desenvolvido por adolescente em ruas, praças e logradouros, após o advento da EC n. 45/2004, é da Justiça do Trabalho. [...] estando mais familiarizado [o Juiz do Trabalho] com questões trabalhistas de toda ordem e níveis e desenvolvendo visão sociojurídica sobre o tema [...]. [E] se a Carta nada excepciona,

com ela colidem as disposições infraconstitucionais que atribuíam ao Juiz da Infância e da Juventude a competência para outorgar permissões de trabalho nas situações já aventadas[263].

Porém, as jurisprudências dos Tribunais Superiores (Superior Tribunal de Justiça — STJ — e Tribunal Superior do Trabalho — TST) e os Tribunais Regionais do Trabalho (TRT's) e os Tribunais de Justiça (TJ's) nada dizem quanto à competência, apenas se manifestam (o STJ e os TJ's) no sentido de ser necessária tal autorização, mesmo que os pais estejam presentes e autorizem os filhos a participarem do evento, conforme jurisprudências a seguir:

PROCESSUAL CIVIL. AGRAVO REGIMENTAL NO RECURSO ESPECIAL. **PARTICIPAÇÃO DE MENOR EM ESPETÁCULO. ALVARÁ DE AUTORIZAÇÃO. EXIGÊNCIA INAFASTÁVEL. ART. 149, II, DO ECA.** DESPROVIMENTO DO AGRAVO REGIMENTAL. 1. É pacífico o entendimento desta Corte Superior de que os programas de televisão têm natureza de espetáculo público, atraindo a incidência do art. 149, II, do ECA. 2. **O que impõe a exigência do alvará judicial é a efetiva participação de menor no programa televisivo, não importando o local das gravações, observando-se que tampouco a presença dos pais supre tal exigência.** 3. Nesse sentido, os seguintes precedentes: AgRg no Ag 663.273/RJ, 2ª Turma, Rel. Min. Humberto Martins, DJ de 17.10.2006; AgRg no Ag 537.622/RJ, 2ª Turma, Rel. Min. Francisco Peçanha Martins, DJ de 30.3.2006; AgRg no Ag 702.704/RJ, 2ª Turma, Rel. Min. João Otávio de Noronha, DJ de 13.2.2006; AgRg no Ag 545.737/RJ, 1ª Turma, Rel. Min. Teori Albino Zavascki, DJ de 28.3.2005; AgRg no Ag 545.460/RJ, 2ª Turma, Rel. Min. Franciulli Netto, DJ de 28.2.2005. 4. Agravo regimental desprovido. (*STJ, AgRg no REsp 621224/ RJ, Agravo Regimental no Recurso Especial 2003/0219921-3, Rel. Ministra Denise Arruda, Primeira Turma, DJ 30/04/2007, p. 283*) — sem destaque no original[264].

PROCESSO CIVIL — ESTATUTO DA CRIANÇA E DO ADOLESCENTE — **PARTICIPAÇÃO DE MENOR EM PROGRAMA DE TELEVISÃO — ALVARÁ JUDICIAL — NECESSIDADE.** 1. O art. 149, I, do ECA aplica-se às hipóteses em que crianças ou adolescentes participam, na condição de espectadores, de evento público, sendo imprescindível a autorização judicial se desacompanhados dos pais e/ou responsáveis. 2. O art. 149, II, do ECA, diferentemente, refere-se à criança ou adolescente na condição de participante do espetáculo, sendo necessário o alvará judicial ainda que acompanhados dos pais ou responsáveis. 3. Os programas televisivos têm natureza de espetáculo público, enquadrando-se a situação na hipótese do inciso II do art. 149 do ECA. 4. A autorização dos representantes legais não supre a falta

---

(263) OLIVA, José Roberto Dantas. *Autorização para o trabalho infanto-juvenil artístico e nas ruas e praças*: parâmetros e competência exclusiva do Juiz do Trabalho. Disponível em: <www.anamatra.org.br/hotsite/conamat06/tra-cientificos/teses/tese-jose%20oliveira.doc>. Acesso em: 17 set. 2008.

(264) BRASIL. Superior Tribunal de Justiça. Agravo Regimental no Recurso Especial n. 621224/RJ. Agravo Regimental no Recurso Especial n. 2003/0219921-3. Primeira Turma. Relatora: Denise Arruda. *Diário da Justiça*, Brasília, DF, Seção 1, n. 82, p. 283, 30 abr. 2007.

de alvará judicial. Agravo regimental improvido. (*STJ, AgRg no Ag 663273/RJ, Agravo Regimental no Agravo de Instrumento 2005/0031344-2, Rel. Ministro Humberto Martins, Segunda Turma, DJ 17/10/2006, p. 273*) — sem destaque no original[265].

Seguindo posicionamento de *José Roberto Dantas Oliva*, já exposto, entende-se que, por ser uma relação de trabalho (cuja natureza será melhor analisada a seguir) a competência deve ser, mesmo, da JT, que se afigura órgão jurisdicional melhor aparelhado para analisar, na prática, se as condições em que a criança e/ou adolescente serão submetidos quando do evento artístico caracterizariam eventual relação de trabalho — o que, portanto, seria proibido nos termos do inciso XXXIII do art. 7º, da CF — e, consequentemente, poderia ou não afetar seu desenvolvimento físico, psíquico e moral, já proibindo, então, a sua participação antes de gerar qualquer dano e antes de qualquer exposição do menor, só autorizando nos casos de evento lúdico e esporádico, não explorado economicamente.

Corroborando com este entendimento, tem-se a Lei n. 6.354/1976, que regulamenta o contrato de trabalho do atleta profissional de futebol, prevendo a competência da JT para solucionar os litígios trabalhistas[266] entre o empregador

---

(265) BRASIL. Superior Tribunal de Justiça. Agravo Regimental no Agravo n. 663273/RJ. Agravo Regimental no Agravo de Instrumento 2005/0031344-2. Segunda Turma. Relator: Ministro Humberto Martins. *Diário da Justiça*, Brasília, DF, Seção 1, n. 199, p. 273, 17 out. 2006.

(266) Prevê o art. 29, parágrafo único, desta Lei o seguinte: "Art. 29 Somente serão admitidas reclamações à Justiça do Trabalho depois de esgotadas as instâncias da Justiça Desportiva, a que se refere o item III do artigo 42 da Lei número 6.251, de 8 de outubro de 1975, que proferirá decisão final no prazo máximo de 60 (sessenta) dias contados da instauração do processo. Parágrafo único. O ajuizamento da reclamação trabalhista, após o prazo a que se refere este artigo, tornará preclusa a instância disciplinar desportiva, no que se refere ao litígio trabalhista". Quanto à necessidade de submeter previamente a reclamação trabalhista à Justiça Desportiva (JD), tem-se que tal exigência mostra-se, no contexto pós CF, inconstitucional, diante do princípio do acesso à justiça, conforme posicionamento recente do Supremo Tribunal Federal (STF), nas Ações Diretas de Inconstitucionalidade (ADI) n. 2.139 e 2.160, que concedeu cautelar para dar interpretação conforme a CF ao art. 625-D da CLT, portanto, não há mais a necessidade de submeter as reclamatórias trabalhistas às comissões de conciliações prévias, quando existentes. *Vide*: BRASIL. Supremo Tribunal Federal. Medida Cautelar em Ação Direita de Inconstitucionalidade n. 2.139-7. Tribunal Pleno. Relator: Ministro Octávio Gallotti. Data da decisão: 13/05/2009. *Diário da Justiça*, Brasília, DF, Seção Ordinária, n. 94, p. 14, 22 maio 2009. BRASIL. Supremo Tribunal Federal. Medida Cautelar em Ação Direita de Inconstitucionalidade n. 2.160-5. Tribunal Pleno. Relator: Ministro Octávio Gallotti. Data da decisão: 13/05/2009. *Diário da Justiça*, Brasília, DF, Seção Ordinária, n. 94, p. 14-15, 22 maio 2009. Portanto, seguindo este posicionamento, tem-se como prescindível esgotar as instâncias da JD ou esperar o prazo de 60 (sessenta) dias para o ajuizamento da reclamatória trabalhista diretamente na JT. Além disso, nos termos do art. 50 e §§ da Lei n. 9.615/1998, que institui normas gerais sobre desporto (Lei Pelé), e dos arts. 24 a 28 do Código Brasileiro de Justiça Desportiva — instituído pelo Conselho Nacional de Esporte (CNE), por meio da Resolução CNE n. 01/2003 — a JD só tem competência para processar e julgar matérias referentes a infrações disciplinares e competições desportivas, e não para analisar os conflitos decorrentes da relação de trabalho havida entre a associação desportiva e o atleta profissional de futebol. Note-se que o futebol, como uma atividade esportiva, é incentivado independentemente da idade; porém, quando voltado para o profissionalismo, com sua inserção na atividade produtiva/lucrativa/econômica do clube, a lei só admite a partir dos 16

(a associação desportiva que utilizou os serviços do atleta profissional de futebol) e o empregado (o atleta profissional de futebol, maior de 16 (dezesseis) anos, que prestou serviços à associação desportiva, com subordinação, mediante remuneração e contrato — devendo ter a autorização prévia e expressa de representante legal quando o atleta tiver entre 16 (dezesseis) e 21 (vinte e um) anos de idade, podendo esta autorização ser suprida judicialmente na falta ou negativa de autorização pelo responsável, quando o atleta tiver completado 18 (dezoito) anos de idade), nos termos dos arts. 1º, 2º e 5º, parágrafo único desta Lei.

Porém, seja de quem for a competência, "é fundamental que haja uma excessiva preocupação com o desenvolvimento físico e mental do menor"[267]. Mas não é, isso que vem sendo observado na prática, conforme relatado por *Rachel Vita*, que, de acordo com informação do procurador *Rafael Dias Marques*, vice-presidente da Coordenação Nacional de Combate à Exploração do Trabalho de Crianças e Adolescentes do Ministério Público do Trabalho, os alvarás expedidos pelo Juízo da VIJ não estão observando a forma correta, são genéricos e não observam a proteção dos direitos das crianças e dos adolescentes[268].

E também por *Candice Coelho Belfort Lustosa*, no tocante aos atores mirins, que:

> Diariamente, toda sociedade se depara com atores mirins fazendo "papéis" em cenas que envolvem um grande sofrimento psíquico, e essas crianças se envolvem de forma tão intensa com o trabalho que, realmente, parecem refletir a realidade. Como a atuação do ator mirim é cheia de aparentes pontos positivos, tem-se grande dificuldade em se observar os efeitos negativos, os quais estão presentes em qualquer tipo de trabalho infantil. A princípio, é fácil perceber que a jornada de trabalho desses atores mirins é bastante intensa, pois além de todo o tempo que eles passam nos estúdios gravando, ainda têm o tempo destinado à memorização dos textos. Então, pode-se chegar à conclusão de que o seu estudo fica bastante prejudicado, pois ao invés de o menor ter o horário de trabalho especial, que seja compatível com o horário escolar, o que se vê é o contrário, ou seja, geralmente, as escolas oferecem toda uma regalia para esses atores, que têm o seu horário de estudo muito reduzido, a fim de que seja compatível com o seu trabalho. Não é raro, também, encontrarem-se atores que, como começaram sua carreira muito cedo, tiveram que abandonar os estudos em razão da incompatibilidade de tempo com o trabalho, chegando, no máximo, a terminar o 2º grau científico. Porém,

---

(dezesseis) anos de idade, seguindo a orientação constitucional (art. 7º, XXXIII, da CF), por encarar como relação de trabalho, tanto que em caso de conflito remete à JT a competência para solucioná-lo.

(267) LUSTOSA, Candice Coelho Belfort. Trabalho do ator mirim: aspectos legais. *Revista Tribunal Regional do Trabalho da 6ª Região*, Recife, v. 16, n. 33, p. 214, jan./jun. 2005.

(268) VITA, Rachel. *Trabalho infantil*: a gente vê na TV. Disponível em: <http://www.promenino.org.br/Ferramentas/DireitodasCriançaseAdolescentes/tabid/77/conteudo1d/ed4e7bcd-14c8-4aa9-992d-b50e93443eab/Default.aspx>. Acesso em: 16 fev. 2009.

por ser esse um tipo de trabalho que dá uma boa perspectiva de futuro para os atores mirins, não há tanta preocupação como se tem com os tantos outros tipos de trabalho infantil, deixam-se de lado os aspectos negativos que o próprio trabalho apresenta, entre eles, os riscos à saúde e à formação moral, bem como a formação educacional, que fica relegada a um plano secundário, quando não completamente afastada[269].

O mesmo pode-se dizer dos modelos/manequins menores, e com muito mais ênfase, pois além de tudo o que foi exposto que demonstra o quão prejudicial esta profissão pode ser ao desenvolvimento da criança e do adolescente envolvido, tem a problemática de se estar permitindo o desempenho de uma atividade tipicamente trabalhista, sob o manto de manifestação artística, conforme se analisará.

3.3. DA NATUREZA DA ATIVIDADE DOS MODELOS/MANEQUINS

Conforme exposto anteriormente, o Decreto n. 82.385/1978 e a Portaria n. 3.297/1986 do Ministério do Trabalho enquadraram a atividade de modelo/manequim como uma forma de manifestação artística, aplicando, para eles, a legislação pertinente aos artistas (Lei n. 6.533/1978).

Porém, com relação ao conceito de arte, verificou-se que, num primeiro momento, a arte era concebida por meio de uma atividade criadora, segundo a qual o artista (criador) expressava a sua percepção do mundo que o cercava, portanto, era algo íntimo, espontâneo, livre[270]. Tal conceito, a partir de meados do século XX, com a intensificação da industrialização, com a expansão do capitalismo e do consumismo, fora abalado com as teorias desenvolvidas (e fortemente presentes) de *Theodor Wiesengrund Adorno*, para quem a arte deixara de existir por conta do fenômeno designado por ele de "indústria cultural". Ou seja, a arte passou por um processo de vulgarização devido à massificação do mercantilismo; era preciso "criar" em série, em grande quantidade, o que fez com que a arte perdesse a sua essência criadora e passasse a ser meramente imitadora, fonte geradora de diversão e de lucro, abstendo-se de qualquer significado, finalidade, sonho, a fim de atingir o espectador sem que ele necessite desempenhar qualquer atividade intelectiva[271]. Portanto, vislumbra-se o que denominam de a "morte da arte"[272].

---

(269) LUSTOSA, Candice Coelho Belfort. *Op. cit.*, p. 214-215.

(270) *Vide* RABAÇAL, Myriam da Costa Hoss. Cultura, sociedade e manifestação artística. *Revista Álvares Penteado*, São Paulo: FECAP — Fundação Escola de Comércio Álvares Penteado, v. 4, n. 9, ago. 2002; BASTIDE, Roger. *Arte e sociedade*. Traduzido por Gilda de Mello e Souza. 2. ed. rev. e ampl. São Paulo: Companhia Editora Nacional, Editora da Universidade de São Paulo, 1971.

(271) Conforme FABIANO, Luiz Hermenegildo. *Indústria cultural*: da taxidermia das consciências e da estética como ação formativa. Tese (Doutorado) — São Carlos: Universidade Federal de São Carlos, 1999; CUNHA, Magali do Nascimento. A contribuição do pensamento de Adorno para análise da indústria cultural. *Estudos*: humanidades, Goiânia, v. 29. n. 2, mar./abr. 2002.

(272) *Vide* ECO, Umberto. *A deficiência da arte*. Tradução de José Mendes Ferreira. Portugal, Lisboa: Edições 70, [1968 ou 1972]. (Arte e Comunicação, 13).

Como consequência, ante a inexistência da arte, por ser a moda uma de suas manifestações[273], esta também passou (passa) por esse processo de reificação, cuja finalidade é exarada única e exclusivamente para o consumo. Por conta disso, é possível visualizar duas conclusões no tocante à atividade de manequim/modelo. A primeira está relacionada ao conceito de arte (manifestação artística); ou seja, para tal precisa de criação, inspiração, liberdade. As manequins/modelos não criam, elas somente expõem a invenção de outrem (estilista, maquiador, cabeleireiro, etc), e seguem os padrões preestabelecidos (os quais independem de sua vontade/faculdade) no tocante ao caminhar, à postura, e, principalmente, ao corpo[274] — portanto não há espontaneidade, liberdade; dessa forma não há que se falar em manifestação artística. A segunda conclusão diz respeito à inexistência da arte (como criação livre) hoje; isto quer dizer que, mesmo se considerassem essa atividade como uma forma de manifestação artística, ela estaria abalada, desestruturada, visto que ela (todos) está passando pelo processo da indústria cultural, o que quer dizer que arte hoje é a sua própria negação[275].

Aliado a isso está o fato, extraído da pesquisa demonstrada anteriormente, de que tal atividade possui horários, e exige compromisso, disponibilidade, sendo possível identificar todos os requisitos para configuração de uma relação de emprego, quais sejam:

a) a atividade desempenhada pelas agências e pelos clientes está ligada à geração de lucro, de capital, portanto é uma atividade econômica;

b) o trabalho é prestado por uma pessoa física, com personalidade (sendo o caráter *intuitu personae* notório nesta atividade — se o cliente faz todo o processo de seleção e escolha do modelo/manequim, será o escolhido quem deverá prestar os serviços, não podendo ser substituído);

c) há subordinação do modelo/manequim tanto para com a agência, quanto para com o cliente, pois são eles quem determinam como o serviço será prestado, não podendo, o modelo/manequim, inovar em nada, nem na sua própria imagem, ficando subordinado, também, aos parâmetros de estética impostos pelo mercado de trabalho (ou seja, há uma supersubordinação);

d) há onerosidade, consistente na contraprestação econômica ao modelo/manequim (normalmente denominada cachê) pelos serviços prestados; e,

---

(273) Conforme BASTIDE, Roger. *Op. cit.*

(274) Ou seja, de acordo com PASCOLATO, Constanza. *Ser modelo.* Disponível em: <http://www.newfaces.com.br/reportagem/reportagem53.asp>. Acesso em: 28 ago. 2008, "Conforme-se, você [modelo/manequim] é um produto. Claro, em diferentes escalas, todos somos. Mas, uma modelo é, antes de mais nada e acima de tudo, uma mercadoria. E aqui vai a primeira, e provavelmente a mais valiosa das lições: você é exatamente igual à calça jeans exposta na arara da loja. Você será observada, avaliada, julgada e, talvez, escolhida". Essa falta de liberdade também é demonstrada por TAWIL, Miriam. *Op. cit.*, p. 81, que assim afirma: "modelo não escolhe roupa, não tem opinião, precisa usar transparências e prestar-se a papéis que nem sempre deseja assumir".

(275) FABIANO, Luiz Hermenegildo. Adorno, arte e educação: negócio da arte como negação. *Educação & Sociedade*, Campinas, v. 24, n. 83, ago./2003.

e) prejudicado com relação à continuidade, vai depender se com relação à agência ou ao cliente; tomando-se a agência (ainda mais aquelas que exigem exclusividade), o modelo/manequim fica à sua disposição durante todo o período do contrato, havendo a continuidade e, assim, a configuração de relação de emprego (por prazo determinado ou indeterminado); tomando-se pelo cliente, a princípio não formaria vínculo de emprego, porque seria contratado para realizar evento certo e específico, por curto prazo de tempo — portanto, trabalho eventual —, mas devido ao fato de se exigir, na prática, a intermediação das agências, poder-se-ia configurar uma forma de trabalho temporário ou terceirizado, lícito ou ilícito; mas tudo dependerá da aferição, em cada situação; observando-se o disposto no art. 17 da Lei n. 6.533/1978, que prevê nos casos de contratação do profissional por meio de agências de locação de mão de obra, o inadimplemento contratual ou legal, dar ensejo à obrigação solidária do tomador do serviço, bem como a previsão da Súmula n. 331 do TST.

Além disso, para atuarem exige-se preparação (cursos de manequim/modelo), habilitação (DRT ou carteirinha provisória), vínculo com o Sindicato ou Associação da classe, e outros requisitos pertinentes à aparência e ao corpo.

Destarte, o vínculo jurídico havido entre os modelos/manequins e as agências que fazem a intermediação dos trabalhos é empregatício, ante a existência de todos os requisitos autorizadores dessa constatação. E o vínculo existente entre os modelos/manequins e as empresas clientes (contratantes) dependerá de uma análise minuciosa do caso concreto, que poderá ser eventual, temporário ou terceirizado. Mas, com base na pesquisa de campo, restou constatada a pessoalidade, a subordinação direta e a não incidência na lei de trabalho temporário (Lei n. 6.019/1974), existente, então, o vínculo direto entre os modelos/manequins e as empresas clientes e, portanto, ilícita a terceirização, aplicando-se a Súmula n. 331, I e III, do TST.

Além disso, em se tratando de contratação de menores de 16 (dezesseis) anos de idade, por ser trabalho proibido (art. 7º, XXXIII, da CF), nos termos da exposição acima, forçosa é a aplicação do art. 9º da CLT e, consequentemente, dos *efeitos do nulo*, segundo o qual, mesmo sendo nula a contratação, pode o trabalhador reclamar todos os direitos trabalhistas correspondentes pelos serviços prestados naquele período, com base nos princípios da irretroatividade das nulidades, do não enriquecimento ilícito e da impossibilidade de restituição das partes ao *status quo ante*[276].

Portanto, não pode ser considerada como manifestação artística, e sim como "uma nítida relação de emprego"[277]. E, como tal, o exercício precoce desta atividade

---

(276) NASCIMENTO, Amauri Mascaro. *Curso de direito do trabalho:* história e teoria geral do direito — relações individuais e coletivas. 18. ed. rev. e atual. São Paulo: Saraiva, 2003. p. 462-469. SÜSSEKIND et al. *Instituições e direito do trabalho.* 22. ed. v. 1. São Paulo: LTr, 2005. p. 252-255. MARANHÃO, Délio. *Direito do trabalho.* 11. ed. rev. e atual. Rio de Janeiro: Fundação Getúlio Vargas, 1983. p. 46-47.

(277) LUSTOSA, Candice Coelho Belfort. *Op. cit.*, p. 213.

prejudica o desenvolvimento normal, saudável da criança e do adolescente, pois "qualquer tipo de trabalho sempre envolve uma disciplina e uma responsabilidade que não são próprias de crianças, que acabam perdendo sua infância, interferindo drasticamente em seu desenvolvimento físico e mental"[278], conforme demonstrará o tópico a seguir.

3.3.1. Das crianças e dos adolescentes que desempenham atividade de modelo/manequim

Demonstrado que a atividade de modelo/manequim não se trata de manifestação artística, forçoso é reconhecer que a utilização de crianças e adolescentes menores de 16 (dezesseis) anos de idade é proibida[279], aplicando-se a regra geral de proibição do trabalho infantil prevista no art. 7º, XXXIII, da CF, e também pode ser enquadrada como uma das piores formas de trabalho infantil, prevista na Lista TIP da Convenção n. 182 da OIT, aprovada pelo Decreto n. 6.481/2008 — a qual prevê como uma das piores formas de trabalho infantil os trabalhos prejudiciais à moralidade, dentre eles, os "com exposição a abusos físicos, psicológicos ou sexuais" —, por ser prejudicial às crianças e aos adolescentes envolvidos.

A proibição do trabalho infanto-juvenil prevista na legislação brasileira tem como fundamento justamente a preocupação em se resguardar o desenvolvimento normal, saudável das pessoas que ainda não estão plenamente formadas (física e intelectualmente). Esta proibição é importante e de extrema relevância, pois o desempenho de qualquer tipo de trabalho impede que a criança e o adolescente executem atividades correspondentes às suas faixas etárias[280], tais como brincar[281], estudar, ter tempo de lazer.

O mesmo se aplica aos modelos/manequins infanto-juvenis, pois a atividade que desempenham, e que de certa forma são obrigados a fazer, é estafante, cansativa, e exigências quanto ao corpo (muitas vezes exigindo-lhes sensualidade — o

---

(278) *Ibidem*, p. 215.

(279) Giovana Lorenzetti Mesquita também é "contra o trabalho de modelos profissionais menores de 16 anos em qualquer hipótese". *Vide*: MESQUITA, Giovana Lorenzetti. *Ser top model no Brasil*: reflexões à luz da legislação trabalhista. Disponível em: <http://www.lacier.com.br/artigos/artigo_ser_top_model_1_%5B1%5D.doc>. Acesso em: 04 jun. 2009.

(280) Estudos realizados em crianças e adolescentes que trabalhavam demonstraram que "o condicionamento físico e psíquico ao trabalho limita a atividade, com movimentos livres, e diminui o espaço da brincadeira [...]. No trabalho precoce, o trabalhador desenvolve autocontrole de seus desejos no sentido de sufocá-los, anulá-los mediante a necessidade de trabalhar". Conforme CECÍLIO, Maria Aparecida. *Os aspectos socioeconômicos e biopsicológicos da formação do trabalhador precoce em atividade penosa na zona rural brasileira*. Tese (Doutorado) — Marília: Universidade Estadual Paulista, 2002. p. 246.

(281) De acordo com BROUGÈRE, 1995. *Apud* OLIVEIRA, Indira Caldas Cunha de; FRANCISCHINI, Rosangela. A importância da brincadeira: o discurso de crianças trabalhadoras e não trabalhadoras. *Psicologia*: teoria e prática, São Paulo, v. 5, n. 1, p. 42-43, jan./jun. 2003. O ato de brincar, na infância, favorece a autoestima, possibilita o desenvolvimento da linguagem oral e gestual, ajuda na elaboração das emoções e sentimentos e nas construções de regras sociais.

que é impróprio para esta faixa etária) e outras, como horário, disciplina, etc, fazem com que eles tenham uma maturidade sem estarem prontos para isso ("maturidade precoce"), causando-lhes prejuízos físicos (como as possíveis doenças que assolam os profissionais desta área, tais como distúrbios alimentares — anorexia, bulimia, entre outros) e psicológicos. Portanto, é prejudicial a criança/adolescente. Ainda mais por ter tal atividade cunho econômico, sendo a criança e o adolescente inseridos precocemente neste mercado, tanto para produção de bens como para o seu consumo, submetendo-se aos padrões de necessidades objetivadas pelo capital[282].

Além disso, verifica-se que entre as modelos/manequins a preocupação com o corpo (e com a sensualidade) é exacerbada, justamente por ser ele o ponto crucial para esta carreira; as meninas, que quando muito novas nesse meio, muitas vezes desamparadas, não têm condições de colocarem limites nessa ambição pelo corpo magro, e acabam desenvolvendo distúrbios alimentares em proporções maiores que outras meninas da mesma faixa etária não envolvidas com essa atividade[283]. Note-se que "a privação de nutrientes básicos para a manutenção da vida gera a produção anormalmente baixa de hormônio estrógeno, que em sua última etapa provoca o bloqueio da menstruação"[284].

E mais, de um modo geral, por ainda não possuírem o desenvolvimento mental/psíquico completo, se inseridos antes de terem atingido certo grau de desenvolvimento cognitivo num ambiente adulto, a criança (bem mais) e o adolescente poderão ser facilmente influenciados, visto que não sabem ainda, analisar para o futuro as consequências de um ato no presente[285].

O mesmo ocorre para o desenvolvimento moral, conjunto de princípios que auxiliam o indivíduo a distinguir o certo do errado, e a sentir orgulho ou culpa de suas atitudes, através da internalização dos padrões morais disseminados pelos pais, principalmente, que devem estar, até determinado ponto, presentes a fim de orientar os filhos quanto às consequências das atitudes erradas. Geralmente

---

(282) Conforme TAWIL, Miriam. *Op. cit.*, p. 73, "a modelo muitas vezes é executiva em horário integral, sem tempo para divertimentos ou brincadeiras".

(283) Conforme relata CURY, Augusto. *A ditadura da beleza*: e a revolução das mulheres. Rio de Janeiro: Sextante, 2005. p. 30, "uma modelo deve ter 20 quilos a menos do que sua estatura [para desfilar]". Para TAWIL, Miriam. *Op. cit.*, p. 87, "a anorexia e a bulimia são ameaças constantes, assim como os outros distúrbios de alimentação. Quase todas as modelos precisam passar por um rígido controle alimentar caso não apresentem o biótipo adequado à carreira". Afirma ainda que "a saúde precede a estética" — p. 46.

(284) CURY, Augusto. *Op. cit.*, p. 32.

(285) Por conta disso é que o CC, em seus arts. 3º e 4º, limita a capacidade das crianças e dos adolescentes para a prática dos atos da vida civil, sendo absolutamente incapazes (portanto precisam estar representados sempre pelos responsáveis) os menores de 16 (dezesseis) anos de idade, e relativamente capazes (precisando estar somente assistidos pelos responsáveis) os maiores de 16 (dezesseis) e menores de 18 (dezoito) anos de idade.

quando as crianças são afastadas da família nessa fase, é comum a inversão de valores, o que era incomum para a família passa a fazer parte de seu cotidiano, e a ser normal.

Outro problema apontado pela doutrina ligado às modelos/manequins é que elas, justamente pela substituição do ter pelo ser[286], em que a imagem vale mais que o conteúdo, "[no] mundo da moda, no qual 'ser vista' e 'bem vista' é fundamental [...] com essa constante e feroz exploração da imagem, a modelo [e manequim] tende a ficar sem vivacidade, movimento ou expressão. Ao fazer coisas que não deseja, acaba movimentando-se como robô e torna-se um inanimado cabide de roupas"[287]. E mais, há aqui uma perda da identidade, pois elas são, muitas vezes, forçadas a abrir mão de como elas são para atender as demandas do mundo da moda, conforme relatado por *Michael Gross*: "que é que uma modelo faz o dia inteiro a não ser ficar disponível e fazer o que outros mandam?"[288].

Por fim, *Caíco de Queiroz* e *Lílian Gomes* apontam alguns aspectos negativos do desempenho precoce da atividade de modelo/manequim, quais sejam:

> A carreira de modelo ensina [...] a ter uma postura adulta mais cedo. [...] A profissão faz a pessoa viver dez anos em um, com todas as vantagens e desvantagens disso. A escola é muito prejudicada. Um período da vida é adiantado, perde-se a adolescência. Com 13 anos, a pessoa é obrigada a crescer muito rápido. Esse adiantamento da vida é prejudicial. [...] As viagens são muito difíceis, pois não há uma rotina. A vida sexual e o uso de drogas são abertos. Isso é terrível e perigoso porque é um mercado muito permissivo[289].

Diante disso tudo, não há formas paliativas que possam garantir o desenvolvimento saudável aos menores envolvidos na atividade de modelo/manequim; como não é arte, deve ser enquadrado nas leis gerais. E, disso, surge o seguinte questionamento: "Em determinadas profissões, o trabalho infantil não é condenado e, ao contrário, torna-se um verdadeiro atrativo e incentivo para crianças. Por trás de tudo isso, um mundo de sucesso e dinheiro, bem diferente de crianças exploradas fisicamente. Mas um mundo também de muito trabalho. Modelos, manequins, artistas de televisão. Por que a lei que condena o trabalho infantil não vale para estes casos também?"[290]. Pois deveria valer, conforme defende *Fernanda Maria Alves*

---

(286) MARIOTTI, Humberto. *A era da avareza*: a concentração de renda como patologia biopsicossocial. Disponível em: <http://www.geocities.com/pluriversu/avareza.html>. Acesso em: 14 out. 2008.

(287) TAWIL, Miriam. *Op. cit.*, p. 40 e 41.

(288) GROSS, Michael. *O mundo feio das mulheres lindas*: modelo. Tradução de Eliana Sabino. Rio de Janeiro: Objetiva, 1996.

(289) *Apud* TAWIL, Miriam. *Op. cit.*, p. 100-102.

(290) LEI contra trabalho infantil não é aplicada com igualdade. *Bondenews-Internacional*. Disponível em: <http://www.bonde.com.br/bonde.php?id_bonde=1-3--328-20060715>. Acesso em: 28 ago. 2008.

Gomes Aguiar: "todo trabalho infantil deve ser coibido, mesmo aqueles bem remunerados e que têm o *glamour* e a fama como atrativo principal. Assim, a exploração de artistas mirins nos programas de televisão é trabalho infantil, bem como agências de modelos e atores mirins também incentivam o trabalho infantil"[291].

A legislação existente quanto à proibição do trabalho infantil, como a CF, o ECA, a CLT, que proíbem qualquer tipo de trabalho aos menores de dezesseis anos, salvo na condição de aprendiz a partir dos quatorze, e proibiu o trabalho noturno, perigoso ou insalubre aos menores de dezoito anos, e outras em nível internacional[292], têm a finalidade de proteger o pleno desenvolvimento dos menores, visto que "a inserção em atividades produtivas, geradoras de valor — e de exploração"[293] acarretam impactos, pois "por estarem submetidas a uma carga de trabalho estafante e de alta responsabilidade até para um adulto, há um comprometimento da organização psicológica das crianças, de modo que o adulto que serão não terá, provavelmente, o equilíbrio emocional suficiente para fazer frente às novas demandas que lhe serão postas"[294].

Dizem ainda estes autores que quando as crianças/adolescentes são inseridas no mercado de trabalho "nessas condições, independência financeira pode ser experimentada como independência emocional e social por um indivíduo que ainda precisaria de limites e de orientação e, efetivamente, ainda não viveu o suficiente para ter maturidade física, cognitiva, emocional ou social para o exercício das funções por ele assumidas"[295].

Ou seja, o trabalho precoce pode ter efeitos danosos para as crianças e adolescentes, afetando, principalmente, sua saúde, seu processo de escolarização e de formação da sua identidade. Com base nisso, *Nilson de Oliveira Nascimento*[296] aponta cinco motivos pelos quais o Estado deve atuar na proteção e erradicação do trabalho infantil, quais sejam:

a) *Motivos fisiológicos* — destinados a proteger o desenvolvimento físico normal do menor, pela imposição de limites naturais aos trabalhos de duração excessiva, noturnos, insalubres, perigosos, penosos, que exigem dispêndio de força e energia, protegendo o seu desenvolvimento físico.

b) *Motivos de segurança pessoal* — destinados a proteger o menor da exposição a riscos de acidentes de trabalho, decorrentes de sua própria debilidade etária, evitando que se possa exigir do menor uma atenção maior do que o mesmo é capacitado a dar.

---

(291) AGUIAR, Fernanda Maria Alves Gomes. Artistas mirins. *Informativo Judírido Consulex*, Brasília, v. 17, n. 30, p. 14, 28 jul. 2003.

(292) Já citadas anteriormente no tópico 2.1.1.

(293) CAMPOS, Herculano Ricardo; FRANCISCHINI, Rosangela. *Trabalho infantil produtivo e desenvolvimento humano*. p. 15. Disponível em: <http://www.scielo.br/scielo.php?script=sci_arttext&pid=s1413-73722003000100015%20&nrm=isso>. Acesso em: 20 out. 2008.

(294) *Ibidem*, p. 6.

(295) *Ibidem*, p. 11.

(296) NASCIMENTO, Nilson de Oliveira. *Manual do trabalho do menor*. São Paulo: LTr, 2003. p. 70.

c) *Motivos de salubridade* — destinados a proteger o menor do trabalho em condições agressivas à sua saúde ou em contato com substâncias prejudiciais à sua saúde e incolumidade física.

d) *Motivos de moralidade* — destinados a proteger o menor do trabalho em atividades que, embora lícitas, sejam de moralidade duvidosa, afastando o mesmo de ambientes que coloquem em risco ou prejudiquem a sua formação moral.

e) *Motivos culturais* — destinados a proteger o menor para que tenha uma formação educacional adequada, não se permitindo que o mesmo dedique a exclusividade de seu tempo ao trabalho em detrimento de seu estudo e educação. O que se pretende é que o trabalho não prejudique a escola e o desenvolvimento cultural do mesmo na mais tenra idade.

E *Eduardo Milléo Baracat,* ressaltando a diferença física e psíquica entre os adultos (a partir de dezoito anos de idade), as crianças (até os doze anos de idade) e os adolescentes (dos doze aos dezoito anos de idade), aponta alguns argumentos que justificam a tutela especial para as crianças e os adolescentes, dentre eles, o de ordem fisiológica:

Em regra, a pessoa com 16 anos não possui o mesmo desenvolvimento psicofísico que aquela de 18 anos. Esta é uma evidência objetiva. A pessoa menor de 18 anos não possui desenvolvimentos físico e mental completos para reagir a determinadas situações decorrentes da relação empregatícia, o que pode lhe gerar prejuízos permanentes. Estudo do Ministério Público do Trabalho e Emprego, elaborado a partir de informações do Dr. Mauro Azevedo de Moura, médico do trabalho do Departamento de Saúde e de Serviços Humanos dos EUA, enumera as seguintes diferenças entre pessoas adolescentes (idade inferior a 18 anos) e adultos (idade superior a 18 anos):

— os sistemas biológicos das crianças e adolescentes não estão maduros até a idade de 18 anos. Muitas diferenças em anatomia, fisiologia e psicologia diferenciam crianças de adultos e os expõem a maiores riscos de se acidentarem no trabalho;

— o ouvido de crianças e adolescentes é muito mais sensível que o dos adultos, ocorrendo lesões permanentes com mais facilidade;

— os ossos crescem até os 21 anos no homem e 18 anos nas mulheres;

— os adolescentes devem dormir 9 horas por noite. No entanto, muitas crianças e adolescentes que trabalham e ainda estudam têm menos de 7 horas de sono por noite. A privação continuada das horas de sono necessárias e a fadiga decorrente desta circunstância também são fatores de incremento do risco de acidentes de trabalho;

— crianças e adolescentes passam por profundas modificações psicológicas neste processo de amadurecimento, enquanto seus corpos continuam em desenvolvimento acelerado. Isto pode conduzir a que a imaturidade psicológica seja obscurecida pela aparente maturidade física, com a imposição de tarefas para as quais não estão emocionalmente preparados.

Ademais, crianças e adolescentes não são experientes suficientemente para julgar suas próprias habilidades para determinado trabalho, o que os expõe uma vez mais a maior risco de acidentes de trabalho. No mesmo sentido, *Ana Lúcia Kassouf* afirma que "as crianças diferem dos adultos nas suas características anatômicas, psicológicas e fisiológicas, o que as torna mais suscetíveis aos perigos da falta de segurança no trabalho, com efeitos mais drásticos e possíveis danos irreversíveis". Observa, ainda, *Hélia Barbosa* que falta ao menor de 18 anos "discernimento ético, tal como é encontrado nos adultos", correspondente à inteligência moral, que é a "capacidade desenvolvida gradativamente para refletir, com todos os recursos emocionais e intelectuais da mente humana, sobre o que é bom e o que é ruim", sendo que essa inteligência "é formada pelo caráter, desenvolvido desde o início da vida até o período da adolescência, seus valores, comportamentos e sua conduta"[297].

Com base no todo exposto, ante ao caráter exploratório que a atividade de modelo/manequim expressa, ainda mais com relação às crianças e aos adolescentes inseridos nesse meio, visto que além de prejudicar-lhes o desenvolvimento saudável, normal, não observa nem as regras mínimas de proteção à criança e ao adolescente de proibição de trabalho noturno, de proteção à dignidade, à moralidade; necessário se faz, urgentemente, regularizar a situação dos modelos/manequins infanto-juvenis[298], que, embora não seja grande o número face à realidade nacional, porém no âmbito da moda ocupa destaque nas contratações, vêm sendo incessantemente preteridos (os seus direitos de criança e de adolescentes) face ao lucro que produzem, não mais sendo possível continuar fechando os olhos para a aterrorizante realidade em que vivem de constantes explorações, abusos, violações, não só físicas como morais, psicológicas, emocionais, (encobertando tal situação com a justificativa de ser, esta atividade, uma manifestação artística, e, como tal, deve ser difundida, e não limitada) para mudar a legislação a fim de lançar mão de mecanismos capazes de tutelá-los, como qualquer outra criança ou adolescente têm direito.

Movimentos favoráveis a uma melhor tutela dessa parcela da sociedade vêm sendo, atualmente, desempenhados pelo Ministério Público do Trabalho (MPT) — Procuradoria Regional do Trabalho da 9ª Região (PRT9ª) —, em Curitiba/PR, encabeçados pela Procuradora *Margaret Matos de Carvalho*, que, no ano de 2005, instaurou procedimento administrativo (PA n. 13/2005), com o objetivo de averiguar as reais condições do trabalho de menores de dezoito anos em agências de modelos, promovendo audiências públicas com as agências e outras empresas, e pessoas do

---

(297) BARACAT, Eduardo Milléo. A tutela do menor na prescrição trabalhista. *Revista TST*, Brasília, v. 74, n. 1, p. 100-120, jan./mar. 2008. p. 103-105.

(298) E de todos os artistas mirins.

ramo, a fim de esclarecer e demonstrar a prejudicialidade desta atividade aos menores, bem como vem firmando termos de ajustamento de conduta com empresas que se utilizam dessa atividade, com o intuito de acabar com a utilização e agenciamento do trabalho de menores de dezesseis anos para qualquer atividade desse ramo e garantir a efetivação dos direitos assegurados constitucionalmente às crianças e aos adolescentes. E, também, o promovido pela Procuradora *Cristiane Maria Sbalqueiro Lopes*, também da PRT9ª, por meio do Inquérito Civil n. 981/2008, que culminou na assinatura do Termo de Compromisso de Conduta n. 284/2008 — em que se determinou a uma certa empresa que produzia um programa de televisão, no qual havia exploração da sensualidade das dançarinas e modelos menores, abster de contratar modelos menores de idade, considerando, ainda, a intermediação da agência de modelo como uma forma ilícita de terceirização. Outra iniciativa como essa foi feita pelo Ministério Público do Trabalho — Procuradoria Regional do Trabalho da 1ª Região —, no Rio de Janeiro, que também instaurou uma representação (REP 0224/2005) contra uma agência de modelos, diante de uma denúncia anônima.

Além destas, algumas ações, que não visam direta e especificamente à tutela de crianças e adolescentes, mas ao serem efetivadas acabam por fazê-lo, como é o caso da Lei do Estado de Santa Catarina n. 14.435, de 20 de maio de 2008, que proíbe a participação de modelos/manequins com o índice de massa corporal (IMC) menor que o considerado normal (para essa Lei o normal é 18,5 kg/h^2)[299] em eventos de moda, prevendo multas em caso de descumprimento[300]. Neste mesmo sentido é o Projeto de Lei do Senado Federal n. 15/2007, ainda em tramitação — aguardando a realização de audiência pública, conforme aprovado pela Comissão de Assuntos Sociais (CAS) —, que pretende acrescentar o art. 168-A à CLT, para dispor sobre as medidas preventivas da saúde no exercício da atividade de modelo/manequim, que terá a seguinte redação:

> Art. 168-A. A contratação, em caráter permanente, temporário ou eventual de modelos, manequins e artistas em geral, por empresas que explorem, contratem ou tomem serviços relacionados à exposição de suas imagens, está condicionada à realização de exames médicos prévios e periódicos, destinados a assegurar a higidez física e mental dos candidatos e trabalhadores e determinar se o IMC — Índice de Massa Corporal — é compatível com o histórico ponderal declarado pelo examinado.
>
> § 1º Os exames prévios serão realizados, por médico especialista em medicina do trabalho, independentemente do prazo de duração do contrato.
>
> § 2º O atestado emitido fixará a periodicidade dos exames subsequentes.
>
> § 3º Sem prejuízo da responsabilidade penal, inclusive de pais, responsáveis, agentes e empresários, e das sanções administrativas cominadas para as infrações às normas deste capítulo, a fiscalização do trabalho deverá, conforme a gravidade das infrações, oficiar às autoridades competentes para a cassação da autorização para funcionamento das empresas infratoras.

---

(299) Chegando a esse índice dividindo-se o peso (em kg) pela altura ao quadrado (em m).

(300) *Vide* SANTA CATARINA (Estado). Lei n. 14.435, de 20 de maio de 2008. Disponível em: <http://carapicu.alesc.sc.gov.br/ALESC/PesquisaDocumentos.asp>. Acesso em: 17 nov. 2008.

§ 4º O médico que conceder atestado e outros profissionais que atuarem na contratação ou durante o exercício da atividade serão responsáveis, solidariamente, por eventuais danos à saúde do trabalhador de que trata este artigo.

§ 5º Na hipótese do § 4º deste artigo, o Conselho Federal de Medicina (CFM) e os conselhos responsáveis pela fiscalização de outras profissões regulamentadas, em relação aos respectivos profissionais fiscalizados, serão notificados pela fiscalização do trabalho para as providências legais e administrativas cabíveis[301].

Tanto a Lei do Estado de Santa Catarina n. 14.435/2008 como o Projeto de Lei do Senado n. 15/2007 seguiram a tendência do mundo da moda, vislumbrada principalmente na Espanha (Madri), Itália (Milão), Inglaterra (Londres) e Israel, que desde 2006 não têm permitido modelos/manequins magras (abaixo do IMC normal) participarem de eventos, pois consideram que isso está influenciando jovens (muitas adolescentes) a desenvolverem distúrbios alimentares a fim de atingirem o padrão de magreza imposto[302].

Portanto, em sendo a atividade de modelo/manequim uma das espécies de trabalho (vínculo empregatício com as agências, e eventual ou terceirizado — lícito ou ilícito, dependendo do caso concreto — com os clientes), necessário se faz adotar a proibição já prevista no art. 7º, inciso XXXIII, da CF, que conforme *Arnaldo Süssekind*[303] alcança qualquer vínculo de trabalho (justamente devido ao seu caráter protetivo), também para os modelos/manequins, proibindo-a para os menores de 16 (dezesseis) anos de idade, considerando, assim, não recepcionadas pela CF ou revogadas — salvo se ficar inequivocamente demonstrado que o evento do qual a criança/adolescente irá participar tem caráter lúdico, sem fins lucrativos, e que a participação seja esporádica — as disposições em contrário; bem como encará-la também como uma das piores formas de trabalho infantil, nos termos da Convenção n. 182 da OIT, regulamentada pelo Decreto n. 6.481/2008, por ser prejudicial à moralidade, visto que expõe as crianças/adolescentes modelos/manequins a abusos físicos e psicológicos.

---

(301) BRASIL. Congresso. Senado. Projeto de Lei do Senado n. 15, de 08 de fevereiro de 2007. Disponível em: <http://www.senado.gov.br/sf/publicacoes/diarios/pdf/sf/2007/02/07022007/01148.pdf>. Acesso em: 27 set. 2008. E, ainda, a tramitação deste projeto pode ser acompanhada pelo *site*: <http://www.senado.gov.br/sf/atividade/materia/detalhes.asp?p_cod_mate=79862>. Acesso em: 17 nov. 2008.

(302) *Vide* artigos: SEMANA de moda de Madri proíbe modelos "magras demais". *BBC Brasil.com*. Disponível em: <http://www.bbc.co.uk/portuguese/noticias/story/2006/09/060913_espanha_modelos.shtml>; MILÃO proíbe modelos muito magras em suas passarelas. *O Globo*. Disponível em: <http://oglobo.globo.com/cultura/mat/2006/12/19/287116232.asp>; MODELO magra demais é proibida de desfilar em Londres. *G1 Globo.com*. Disponível em: <http://g1.globo.com/Noticias/PopArte/0,,MUL102729-7084,00-MODELO+MAGRA+DEMAIS+E+PROIBIDA+DE+DESFILAR+EM+LONDRES.html>; VAREJISTAS de Israel recusam modelos esquálidas para publicidade. *Nutrociência*. Disponível em: <http://www.nutrociencia.com.br/temas_mostra.asp?vid=54>. Todos acessados em: 17 nov. 2008.

(303) SÜSSEKIND, Arnaldo. *Direito constitucional do trabalho*. Rio de Janeiro: Renovar, 1999.

Conclusão

De acordo com o que foi exposto, nota-se que trabalho, do ponto de vista econômico, é uma atividade penosa e causa fadiga, realizada pelo trabalhador em proveito do tomador do serviço. Por ser de suma importância na sociedade, o Direito do Trabalho veio para regulamentá-la, a fim de trazer a pacificação social e a proteção à dignidade do ser humano. São espécies da relação de trabalho: a relação de emprego (representada, geralmente, pelo contrato individual de trabalho), de autônomo, de eventual, de avulso, de temporário, de terceirizado.

Visando tutelar as crianças e os adolescentes, passou-se a legislar no sentido de limitar a idade para ingresso no mercado de trabalho. Além das leis internas, nacionais, foi necessária, também, a criação de órgão internacional com o intuito de fiscalizar e coibir práticas abusivas contra as crianças e adolescentes. Por meio da OIT, com as Convenções e Recomendações, os países-membros deste organismo se obrigam a adotar medidas que coibissem a exploração da mão de obra infanto-juvenil. As principais, e adotadas pelo Brasil, são: as Convenções n. 5, de 1919, n. 6, de 1919, n. 7, de 1920 (revisada pela de n. 58, de 1937), n. 10, de 1921, n. 16, de 1921, n. 52, de 1936, n. 58, de 1937, n. 117, de 1962, n. 124, de 1965, n. 136, de 1971, n. 138, de 1973, e a n. 182, de 1999. Quanto à legislação brasileira, atualmente vige a CF com suas EC, a CLT, o ECA e outros diplomas legais (como os Decretos que recepcionaram e regulamentaram as Convenções da OIT), no tocante à matéria.

Nota-se que visando assegurar o bom e normal desenvolvimento infanto-juvenil, os legisladores acharam por bem editar leis protetivas ao menor, por ser dever do Estado (da sociedade e da família), previsto constitucionalmente, no art. 227 da CF, "[...] assegurar à criança e ao adolescente, com absoluta prioridade, o direito à vida, à saúde, à alimentação, à educação, ao lazer, à profissionalização, à cultura, à dignidade, ao respeito, à liberdade e à convivência familiar e comunitária, além de colocá-los a salvo de toda forma de negligência, discriminação, exploração, violência, crueldade e opressão".

Uma das formas encontradas pelo Estado de executar isso foi a de limitar para 16 (dezesseis) anos a idade mínima para ingresso no mercado de trabalho, salvo aos 14 (quatorze) anos, na condição de aprendiz (art. 7º, XXXIII, da CF).

Além disso, esta legislação fez-se necessária, pois o trabalho é uma atividade que exige um grau de responsabilidade muito grande para exercê-la, requer horários, disponibilidade, dedicação, esforço, etc, condições incompatíveis com as necessidades infanto-juvenis (dentre elas a brincadeira).

Num primeiro momento, entendeu-se que a arte, a manifestação artística, era algo de suma importância ao desenvolvimento da criança e do adolescente, tendo em vista que era uma atividade livre, criativa, espontânea, que não exigia comprometimento; tanto que existem leis garantindo o acesso de crianças/adolescentes a esse tipo de atividade, bastando uma autorização dos pais/juiz (conforme art. 406, incisos I e II, da CLT, art. 149 do ECA e art. 8º da Convenção n. 138 da OIT). Porém, a partir do momento em que a arte passou a ser objeto de especulação econômica/financeira, ou seja, a partir do instante em que se viu nela a possibilidade de gerar capital/lucro, ela passou a ser massificada, não se exigindo mais um esforço criador, livre, espontâneo para fazê-la, basta a mera imitação, pois era necessário, a fim de satisfazer o consumo, que a produção fosse em alta escala, em massa, padronizando-se os interesses e as necessidades. A partir desse fenômeno, denominado por *Theodor Wiesengrund Adorno* de "indústria cultural", a intelectualidade passou a ser desnecessária, a arte não deveria traduzir a arte em si, pois não expressava mais o seu criador, o seu contexto, a sua história, não tinha mais carga sentimental alguma, ela deveria ser vista e "engolida" sem qualquer esforço racional para tanto. Portanto, depara-se com a possibilidade de inexistência da arte e, como consequência, o possível desaparecimento, também, de suas expressões — música, dança, pintura, teatro, moda —, tudo se voltou ao comércio, ao consumo. A sociedade passou a valorizar mais as aparências, o "ter" em detrimento do "ser".

Neste contexto, estuda-se a atividade de manequim/modelo, que, conforme Decreto n. 82.385/1978 e Portaria n. 3.297/1986 do Ministério do Trabalho, aplicam-se a esta classe as disposições pertinentes aos artistas e técnicos em espetáculo previstas na Lei n. 6.533/1978 e nas legislações pertinentes. Com base nisso, é comum considerar a atividade desempenhada pelos modelos e manequins como uma forma de arte. Porém, ficou demonstrado através dos dados obtidos na pesquisa de campo e na doutrina citada que esta não é uma atividade criadora, espontânea, mas sim extremamente limitadora, condicionada, padronizada, na qual a criação é exercida apenas pelos estilistas, cabeleireiros, maquiadores, produtores; os modelos e manequins, como o próprio nome diz, são objetos da moda[304], através dos quais se expõe a criação de outrem, ou por meio de desfiles em passarela (manequim) ou de publicidade em fotos ou filmes publicitários. Ou seja, tal atividade exige comprometimento, disponibilidade, responsabilidade, cumprimento de horários e normas preestabelecidas — não disponíveis, pois os padrões de beleza são aqueles impostos: altura, peso, medidas, etc, não podendo sofrer variação —, subordinação.

---

(304) Observa-se que em nenhum momento a intenção foi a de desmerecer tal carreira, pelo contrário.

Portanto, em nenhum momento é oportunizada a criação, liberdade, espontaneidade para estes profissionais, pelo contrário, é tudo padronizado, predeterminado. Além disso, deve-se passar por um curso profissionalizante (o de manequim/modelo oferecido pelas agências/escolas credenciadas ao Sindicato da categoria), depois por uma banca (organizada pelo Sindicato, o qual emitirá o Atestado de Capacitação ao profissional) e, por fim, para atuar, deve-se estar vinculado ao Sindicato da categoria, em Curitiba/PR o SIMM, ou à Associação de Manequins e Modelos do Paraná, portando uma carteirinha (DRT/definitiva para maiores de 16 (dezesseis) anos e provisionada para menores de 16 (dezesseis) anos), a qual requer atualização anual, mediante contribuição.

Infere-se dos dados coletados que esta parcela da população (manequins/modelos) é composta por crianças/adolescentes menores de 16 (dezesseis) anos, tendo em vista o número de carteiras provisionadas emitidas (para esta faixa etária) — em Curitiba/PR, no ano de 2005, a proporção era de 858 (oitocentas e cinquenta e oito) provisionadas para 439 (quatrocentas e trinta e nove) definitivas. Portanto, esta parte da população não vem tendo seus direitos resguardados, uma vez que, sob a desculpa de ser uma atividade artística, não são respeitados direitos mínimos como: horário de trabalho, pois normalmente é noturno; jornada de trabalho, pois devem ficar o tempo todo à disposição para qualquer serviço; exigências fora do comum, tais como altura, peso, medidas muitas vezes fora da realidade genética dos modelos/manequins, o que os força a tomarem atitudes drásticas para estarem atuando neste meio (regimes desorientados, gerando distúrbios alimentares sérios como anorexia e bulimia), e fora de sua realidade; são levados a qualquer lugar do Brasil e do mundo, sendo, dessa forma, afastados de sua família (que muitas vezes consente sem saber dos riscos e consequências), da escola e dos colegas, o que prejudica fortemente o desenvolvimento; e, principalmente, não se respeita o limite de idade para atuar no mercado de trabalho, qual seja, a prevista no art. 7º, XXXIII, da CF (com redação da EC n. 20/1998) — 16 (dezesseis) anos no mínimo. E quanto à exigência de autorização do juiz, ficou evidenciado que é requerida pela própria empresa organizadora da atividade artística e não individualmente, em desacordo, portanto, com a legislação (§ 2º, do art. 149, do ECA).

Diante desse quadro, qual seja, o da não observância da legislação protetiva do trabalho do menor, ante a rentabilidade tanto para os pais quanto para os envolvidos nessa atividade, e pela possibilidade que o exercício precoce desta atividade pode causar sérios problemas ao desenvolvimento da criança e do adolescente — visto que privando-os do desenvolvimento normal e saudável, pois são inseridos precocemente num mundo ambicioso, limitador, padronizado, consumista —, merecem a mesma tutela despendida às demais crianças e adolescentes submetidos ao trabalho "braçal", pois também estão perdendo a sua infância e adolescência, também estão se tornando adultos responsáveis mais cedo, também não estão oportunizando um ambiente saudável e propício ao desenvolvimento.

Dessa forma, deve-se voltar os olhos da sociedade e das leis a essa comunidade de modelos/manequins infanto-juvenis, que estão sendo explorados, lícita e consensualmente, sem qualquer restrição, sem perceberem que se trata de uma relação de trabalho; e, por conseguinte, necessário se faz adotar a proibição já prevista no art. 7º, inciso XXXIII, da CF, que alcança qualquer vínculo de trabalho (justamente devido ao seu caráter protetivo) também para os modelos/manequins, proibindo-a para os menores de 16 (dezesseis) anos de idade, considerando, assim, não recepcionadas pela CF ou revogadas as disposições em contrário; bem como encará-la também como uma das piores formas de trabalho infantil, nos termos da Convenção n. 182 da OIT, regulamentada pelo Decreto n. 6.481/2008, pois a atividade de modelo/manequim desempenhada por menores de 16 (dezesseis) anos de idade é extremamente prejudicial à moralidade, uma vez que os expõe a abusos físicos e psicológicos; só se admitindo a participação de crianças e adolescentes nos eventos em que ficar inequivocamente demonstrado seu caráter lúdico, e que a participação seja esporádica, observadas, ainda, as exigências quanto à autorização — que deve ser concedida pela Justiça do Trabalho — e ao respeito do horário e demais normas protetivas.

Somente assim estar-se-á garantindo a essa população o verdadeiro e pleno desenvolvimento físico, psíquico, intelectual e moral, e trazendo uma mudança em nível de consciência e educação social, quando o "ter" (a aparência) deixar de ser o referencial nas relações interpessoais, dando lugar ao "ser" (à essência, à verdade), ou seja, quando deixarmos de ser avarentos.

REFERÊNCIAS BIBLIOGRÁFICAS

A PROFISSÃO modelo e manequim. Disponível em: <http://www.newfaces.com.br/reportagem/reportagem47.asp>. Acesso em: 28 ago. 2008.

AGUIAR, Fernanda Maria Alves Gomes. Artistas mirins. *Informativo Jurídico Consulex*, Brasília, v. 17, n. 30, 28 jul. 2003.

ALMEIDA, Paulo. *Paulo tira todas as dúvidas*. Disponível em: <http://www.pauloesclarecimentos.blogspot.com>. Acesso em: 28 ago. 2008.

BARACAT, Eduardo Milléo. A tutela do menor na prescrição trabalhista. *Revista TST*, Brasília, v. 74, n. 1, jan./mar. 2008.

BARROS, Alice Monteiro de. *Contratos e regulamentações especiais de trabalho*: peculiaridades, aspectos controvertidos e tendências. 3. ed. São Paulo: LTr, 2008.

BASTIDE, Roger. *Arte e sociedade*. Traduzido por Gilda de Mello e Souza. 2. ed. rev. e ampl. São Paulo: Companhia Editora Nacional, Editora da Universidade de São Paulo, 1971.

BENTON, William (Edit.). *Enciclopédia Barsa*. v. 2. Rio de Janeiro, São Paulo: Encyclopaedia Britannica Editores Ltda., 1967.

BRASIL. Congresso. Senado. Projeto de Lei do Senado n. 15, de 08 de fevereiro de 2007. Disponível em: <http://www.senado.gov.br/sf/publicacoes/diarios/pdf/sf/2007/02/07022007/01148.pdf>. Acesso em: 27 set. 2008.

BRASIL. Supremo Tribunal Federal. Medida Cautelar em Ação Direita de Inconstitucionalidade n. 2.139-7. Tribunal Pleno. Relator: Ministro Octávio Gallotti. Data da decisão: 13.05.2009. *Diário da Justiça*, Brasília, DF, Seção Ordinária, n. 94, 22 maio 2009.

BRASIL. Supremo Tribunal Federal. Medida Cautelar em Ação Direita de Inconstitucionalidade n. 2.160-5. Tribunal Pleno. Relator: Ministro Octávio Gallotti. Data da decisão: 13.05.2009. *Diário da Justiça*, Brasília, DF, Seção Ordinária, n. 94, 22 maio 2009.

BRASIL. Superior Tribunal de Justiça. Agravo Regimental no Agravo n. 663273/RJ. Agravo Regimental no Agravo de Instrumento 2005/0031344-2. Segunda Turma. Relator: Ministro Humberto Martins. *Diário da Justiça*, Brasília, DF, Seção 1, n. 199, 17 out. 2006.

BRASIL. Superior Tribunal de Justiça. Agravo Regimental no Recurso Especial n. 621224/RJ. Agravo Regimental no Recurso Especial n. 2003/0219921-3. Primeira Turma. Relatora: Denise Arruda. *Diário da Justiça*, Brasília, DF, Seção 1, n. 82, 30 abr. 2007.

BRASIL. Tribunal Regional do Trabalho (2ª Região). Acórdão SDC 00171/2004-0. Processo n. 20350-2003-000-02-00-2. Seção de Dissídios Coletivos. Relator: Jose Carlos da Silva

Arouca. 03 jun. 2004. Disponível em: <http://www.trt02.gov.br:8035/22004001710.html>. Acesso em: 20 ago. 2008.

CAMPOS, Herculano Ricardo; FRANCISCHINI, Rosangela. *Trabalho infantil produtivo e desenvolvimento humano*. Disponível em: <http://www.scielo.br/scielo.php?script=sci_arttext&pid=S1413-73722003000100015%20&lng=pt&nrm=isso>. Acesso em: 20 out. 2008.

CECÍLIO, Maria Aparecida. *Os aspectos socioeconômicos e biopsicológicos da formação do trabalhador precoce em atividade penosa na zona rural brasileira*. Tese (Doutorado) — Marília: Universidade Estadual Paulista, 2002.

CONCEPÇÃO da disciplina de educação artística. Departamento de ensino fundamental. Diretrizes curriculares para o ensino fundamental. Educação artística. Disponível em: <http://www.seed.pr.gov.br/portals/portal/diretrizes/dir_ef_educart.pdf>. Acesso em: 15 set. 2008.

CONVENÇÃO n. 138 da OIT. Disponível em: <http://www.oitbrasil.org.br/info/download/conv_138.pdf>. Acesso em: 17 set. 2008.

CUNHA, Magali do Nascimento. A contribuição do pensamento de Adorno para a análise da indústria cultural. *Estudos*: humanidades, Goiânia, v. 29, n. 2, mar./abr. 2002.

CURY, Augusto. *A ditadura da beleza*: e a revolução das mulheres. Rio de Janeiro: Sextante, 2005.

CHAUÍ, Marilena. *Convite à filosofia*. 7. ed. São Paulo: Ática, 2000.

CHIESA, Regina Fiorezzi; CRUZ, Elio Oliveira. A contribuição das atividades físicas e artísticas na relação adolescência e família. *Psicologia*: teoria e prática, São Paulo, v. 4, n. 2, 2002.

DELGADO, Mauricio Godinho. *Curso de direito do trabalho*. 5. ed. São Paulo: LTr, 2006.

DIRETIVA n. 94/33/CE do Conselho da União Europeia. Disponível em: <http://eur-lex.europa.eu/LexUriServ/LexUriServ.do?uri=CELEX:31994L0033:PT:HTML>. Acesso em: 17 set. 2008.

DUARTE, Sara. *Poderoso chefão*. Disponível em: <http://www.terra.com.br/istoe/1717/comportamento/1717_poderoso_chefao.htm>. Acesso em: 27 ago. 2008.

ECO, Umberto. *A definição da arte*. Tradução de José Mendes Ferreira. Portugal, Lisboa: Edições 70, [1968 ou 1972]. (Arte e Comunicação, 13).

FABIANO, Luiz Hermenegildo. Adorno, arte e educação: negócio da arte como negação. *Educação & Sociedade*, Campinas, v. 24, n. 83, ago./2003.

_____ . *Indústria cultural*: da taxidermia das consciências e da estética como ação formativa. Tese (Doutorado) — São Carlos: Universidade Federal de São Carlos, 1999.

FRENETTE, Marco. *A beleza e seus infelizes*. Disponível em: <http://diganaoaerotizacaoinfantil.wordpress.com/2007/07/21/a-beleza-e-seus-infelizes/>. Acesso em: 27 ago. 2008.

GARCIA, Hamílcar de. *Dicionário contemporâneo da língua portuguesa*: Caldas Aulete. 2. ed. v. 1. Rio de Janeiro: Editora Delta, 1970.

GOMES, Orlando; GOTTSCHALK, Elson. *Curso de direito do trabalho*. 6. ed. v. 1. São Paulo: Forense, 1975.

GROSS, Michael. *O mundo feio das mulheres lindas*: modelo. Tradução de Eliana Sabino. Rio de Janeiro: Objetiva, 1996.

HOUAISS, Antônio. *Grande Enciclopédia Delta Larousse*. v. 14. Rio de Janeiro: Editora Delta, 1972.

HOUAISS, Antônio; VILLAR, Mauro de Salles. *Minidicionário Houaiss da língua portuguesa*. Rio de Janeiro: Objetiva, 2001.

JUSTIÇA proíbe Maisa de gravar "Programa Silvio Santos". Disponível em: <http://www.abril.com.br/noticias/diversao/justica-proibe-maisa-gravar-programa-silvio-santos-472246.shtml>. Acesso em: 25 maio 2009.

KOELLREUTTER, H. J. Sobre o valor e o desvalor da obra de arte. *Estudos avançados*, São Paulo, v. 13, n. 37, 1999. Disponível em: <http://www.scielo.br/scielo.php?script=sci_arttext&pid=S0103-40141999000300014&lng=en&nrm=iso>. Acesso em: 14 out. 2008.

LEI contra trabalho infantil não é aplicada com igualdade. *Bondenews-Internacional*. Disponível em: <http://www.bonde.com.br/bonde.php?id_bonde=1-3--328-20060715>. Acesso em: 28 ago. 2008.

LEITE, Carlos Henrique Bezerra. *Curso de direito processual do trabalho*. 4. ed. São Paulo: LTr, 2006.

LIBARDI, Margareth. *Profissão modelo*: em busca da fama. São Paulo: Editora Senac, 2004.

LIPOVETSKY, Gilles. *O império do efêmero*: a moda e seu destino nas sociedades modernas. Tradução de Maria Lucia Machado. São Paulo: Companhia das Letras, 1989.

LUSTOSA, Candice Coelho Belfort. Trabalho do ator mirim: aspectos legais. *Revista Tribunal Regional do Trabalho da 6ª Região*, Recife, v. 16, n. 33, jan./jun. 2005.

MAGANO, Octavio Bueno (Coord.). *Curso de direito do trabalho*: em homenagem a Mozart Victor Russomano. São Paulo: Saraiva, 1985.

MARANHÃO, Délio. *Direito do trabalho*. 11. ed. rev. e atual. Rio de Janeiro: Fundação Getúlio Vargas, 1983.

MARIOTTI, Humberto. *A era da avareza*: a concentração de renda como patologia biopsicossocial. Disponível em: <http://www.geocities.com/pluriversu/avareza.html>. Acesso em: 14 out. 2008.

MARTINS, Sérgio Pinto. *Direito do trabalho*. 17. ed. São Paulo: Atlas, 2003.

MARTINS, Simone R.; IMBROISI, Margaret H. *Introdução à arte*. Disponível em: <http://www.historiadaarte.com.br/introducao.htm>. Acesso em: 15 set. 2008.

MATERIAL de artes. Disponível em: <http://scholar.google.com.br/scholar?hl=pt-BR&lr=lang_pt&q=cache:zXvUMhr_OGUJ:www.cssg.g12.br/arqtemporarios/MaterialdeArtes.doc+manifesta%C3%A7%C3%A3o+art%C3%ADstica>. Acesso em: 15 set. 2008.

MAXIMIANO, Ana. *A febre da plástica teen*. Disponível em: <http://diganaoaerotizacaoinfantil.wordpress.com/2007/07/21/a-febre-da-plastica-teen/>. Acesso em: 27 ago. 2008.

_____ . *Adolescentes recorrem a silicone e lipo para mudar o corpo*. Disponível em: <http://diganaoaerotizacaoinfantil.wordpress.com/2007/10/18/adolescentes-recorrem-a-silicone-e-lipo-para-mudar-o-corpo/>. Acesso em: 27 ago. 2008.

_____ . *Consumidor cada vez mais precoce*. Disponível em: <http://diganaoaerotizacaoinfantil.wordpress.com/2007/09/09/consumidor-cada-vez-mais-precoce/>. Acesso em: 27 ago. 2008.

_____ . *Crianças já crescem insatisfeitas com o próprio corpo*. Disponível em: <http://diganaoaerotizacaoinfantil.wordpress.com/2007/09/05/criancas-ja-crescem-insatisfeitas-com-o-proprio-corpo/>. Acesso em: 27 ago. 2008.

_____. *Garotas iludidas*. Disponível em: <http://diganaoaerotizacaoinfantil.wordpress.com/2007/07/24/garotas-iludidas/>. Acesso em: 27 ago. 2008.

_____. *Garotas precoces*. Disponível em: <http://diganaoaerotizacaoinfantil.wordpress.com/2008/04/20/garotas-precoces/>. Acesso em: 27 ago. 2008.

MENDONÇA, Luciana. *Para ser modelo e manequim*: dicas para as garotas que pretendem se aventurar pelo mundo da moda profissional. Disponível em: <http://www.jfservice.com.br/arquivo/mulher/dicas/2000/06/29-Elite/>. Acesso em 28 ago. 2008.

MESQUITA, Giovana Lorenzetti. *Ser top model no Brasil*: reflexões à luz da legislação trabalhista. Disponível em: <http://www.lacier.com.br/artigos/artigo_ser_top_model_1_%5B1%5D.doc>. Acesso em: 04 jun. 2009.

MILÃO proíbe modelos muito magras em suas passarelas. *O Globo*. Disponível em: <http://oglobo.globo.com/cultura/mat/2006/12/19/287116232.asp>. Acesso em: 17 nov. 2008.

MINHARRO, Erotilde Ribeiro dos Santos. *A criança e o adolescente no direito do trabalho*. São Paulo: LTr, 2003.

MODELO magra demais é proibida de desfilar em Londres. *G1 Globo.com*. Disponível em: <http://g1.globo.com/Noticias/PopArte/0,,MUL102729-7084,00-MODELO+MAGRA+DEMAIS+E+PROIBIDA+DE+DESFILAR+EM+LONDRES.html>. Acesso em: 17 nov. 2008.

MP quer que SBT pague R$ 1 milhão por causa de Maisa. Disponível em: <http://www.abril.com.br/noticias/diversao/mp-quer-sbt-pague-r-1-milhao-causa-maisa-472898.shtml>. Acesso em: 26 maio 2009.

NASCIMENTO, Amauri Mascaro. *Curso de direito do trabalho*: história e teoria geral do direito — relações individuais e coletivas. 18. ed. rev. e atual. São Paulo: Saraiva, 2003.

NASCIMENTO, Nilson de Oliveira. *Manual do trabalho do menor*. São Paulo: LTr, 2003.

OLIVA, José Roberto Dantas. *Autorização para o trabalho infanto-juvenil artístico e nas ruas e praças*: parâmetros e competência exclusiva do Juiz do Trabalho. Disponível em: <www.anamatra.org.br/hotsite/conamat06/trab_cientificos/teses/tese_jose%20oliveira.doc>. Acesso em: 17 set. 2008.

OLIVEIRA, Indira Caldas Cunha de; FRANCISCHINI, Rosangela. A importância da brincadeira: o discurso de crianças trabalhadoras e não trabalhadoras. *Psicologia*: teoria e prática, São Paulo, v. 5, n. 1, jan./jun. 2003.

PASCOLATO, Constanza. *Ser modelo*. Disponível em: <http://www.newfaces.com.br/reportagem/reportagem53.asp>. Acesso em: 28 ago. 2008.

RABAÇAL, Myriam da Costa Hoss. Cultura, sociedade e manifestação artística. *Revista Álvares Penteado*. São Paulo, v. 4, n. 9. FECAP — Fundação Escola de Comércio Álvares Penteado, ago./2002.

ROBORTELLA, Luiz Carlos Amorim; PERES, Antonio Galvão. Trabalho artístico da criança e do adolescente: valores constitucionais e normas de proteção. *Revista LTr.*, São Paulo, v. 69, n. 02, fev./2005.

RUSSOMANO, Mozart Victor. *Curso de direito do trabalho*. 5. ed. rev. e ampl. Curitiba: Juruá, 1995.

SANTA CATARINA (Estado). Lei n. 14.435, de 20 de maio de 2008. Disponível em: <http://carapicu.alesc.sc.gov.br/ALESC/PesquisaDocumentos.asp>. Acesso em: 17 nov. 2008.

SEMANA de moda de Madri proíbe modelos "magras demais". *BBC Brasil.com*. Disponível em: <http://www.bbc.co.uk/portuguese/noticias/story/2006/09/060913_espanha_modelos.shtml>. Acesso em: 17 nov. 2008.

SHAFFER, David R. *Psicologia do desenvolvimento*: infância e adolescência. Tradução de Cíntia Regina Pemberton Cancissu. São Paulo: Pioneira Thomson Learning, 2005.

SIBILA, Paula. *A arma de guerra chamada Barbie*. Disponível em: <http://diganaoaerotizacaoinfantil.wordpress.com/2007/09/02/a-arma-de-guerra-chamada-barbie/>. Acesso em: 27 ago. 2008.

STEPHAN, Cláudia Coutinho. *Trabalhador adolescente*: em face das alterações da Emenda Constitucional n. 20/1998. São Paulo: LTr, 2002.

SÜSSEKIND, Arnaldo. *Direito constitucional do trabalho*. Rio de Janeiro: Renovar, 1999.

_____ et al. *Instituições de direito do trabalho*. 22. ed. v. 1. São Paulo: LTr, 2005.

TAWIL, Miriam. *Mundo fashion*: modelos e bastidores. São Paulo: Celebris, 2005.

VAREJISTAS de Israel recusam modelos esquálidas para publicidade. *Nutrociência*. Disponível em: <http://www.nutrociencia.com.br/temas_mostra.asp?vid=54>. Acesso em: 17 nov. 2008.

VITA, Rachel. *Trabalho infantil*: a gente vê na TV. Disponível em: <http://www.promenino.org.br/Ferramentas/DireitosdasCriancaseAdolescentes/tabid/77/ConteudoId/ed4e7bcb-14c8-4aa9-992d-b50e93443eab/Default.aspx>. Acesso em: 16 fev. 2009.

VOCÊ tem potencial para ser modelo? Disponível em: <http://www.newfaces.com.br/reportagem/reportagem87.asp>. Acesso em: 28 ago. 2008.

Produção Gráfica e Editoração Eletrônica: **LINOTEC**
Capa: **FÁBIO GIGLIO**
Impressão: **COMETA GRÁFICA E EDITORA**